CHOSES
DE L'ANCIENNE GRANDE-LANDE

Première série

PAR

Félix ARNAUDIN

Cinq Photogravures

PAUL DRAMBERT

Honoré CHAMPION

MOLLAT

CHOSES
DE L'ANCIENNE GRANDE-LANDE

(Première série)

PAR

Félix ARNAUDIN

———

Cinq Photogravures

CHOSES
DE L'ANCIENNE GRANDE-LANDE

I

Un Vœu

Les pages qui suivent, déjà imprimées à part à petit nombre, pour mes amis, voilà tantôt six ans, paraîtront aujourd'hui à beaucoup de mes lecteurs singulièrement attardées, et devenues sans objet, ayant trait aux fils de notre sol landais qu'alors le devoir appelait *là-bas*, où l'on résistait au Boche hideux, où l'on mourait, et où tant d'entre eux, hélas ! sont demeurés en effet et dorment leur dernier sommeil ; cependant, cette reproduction n'est peut-être pas tout à fait inutile, ne dût-elle servir qu'à montrer à ceux qu'on nous a rendus, saufs ou mutilés, que dès la première heure nos cœurs à tous ici battaient douloureusement pour les absents plongés dans l'horrible fournaise, que tous, sans repos ni cesse, pensaient anxieusement à eux et souffraient avec eux, chez eux. — Au surplus, je ne suis pas fâché de pouvoir les faire suivre de quelques réflexions qui, si peu qu'on veuille s'y arrêter, sembleront le complément naturel de celles que m'avait déjà suggérées le sujet.

Je ne dois pas non plus négliger de noter que par leur caractère quasi actuel ces lignes s'accordent fort mal avec le titre même de ma brochure, consacrée surtout à des faits ou des souvenirs tirés de notre temps passé : à dire vrai, je ne savais guère où les placer ailleurs en ce moment, et je n'ai pas de meilleure excuse à invoquer.

De ceux qui nous ont quittés pour courir à la défense de nos frontières, brusquement arrachés aux douceurs du foyer, du bon nid familial, à tout ce qu'ils aimaient, à tout ce qui fait la joie et la raison de vivre, beaucoup ne nous reviendront plus. Beaucoup ont déjà trouvé la mort, et beaucoup encore la trouveront après eux. Ils sont partis magnifiques de courage, — sachant bien cependant quels terribles dangers les attendaient là bas, — les jeunes, pleins de force, prêts à tout, le rire et la chanson aux lèvres, et nous tendant allègrement leurs mains, à nous qui restions, — et qui savions ! — en raillant le tremblement qu'ils sentaient dans les nôtres ; les aînés, les chefs de famille, silencieux et graves, le cœur atrocement broyé, la pensée lointaine, fixée douloureusement autour du toit chéri fuyant derrière eux, mais le front haut quand même, refoulant leur détresse, raidis devant l'inéluctable. Or, cette manifestation sans pareille, à jamais inoubliable, cette grandiose explosion de patriotisme, partout aussi ardente, qui de nous, s'il est sincère, osera dire que nous devions l'espérer ? Le vrai est que les pires appréhensions étreignaient secrètement nos esprits : ce sera un étonnement de l'histoire que l'âme française ait aussi puissamment résisté à l'infâme, à l'innommable campagne si longtemps et si violemment poursuivie dans notre malheureux pays, — même à l'heure encore où déjà les premières provocations de l'ennemi héréditaire grondaient sinistrement à nos oreilles, — pour l'empêcher de préparer sa défense. Et pour tant de spontanée et unanime résolution, pour cette héroïque ruée vers le devoir, vers la mort, nous ne trouverions rien qui exprimât, si petitement que ce fût, mais autrement que par de banales paroles, nos regrets et notre gratitude, et qui en demeurât dans l'avenir le signe ineffaçable ? Si ; un beau geste nous est possible. Aussitôt terminée la guerre, lorsque aura rendu gorge et râlera sous nos pieds, — s'il y a quelque part une justice ! — le monstre abominable en qui, pour qu'elle se déchaînât, s'incarnèrent toutes les forces mauvaises de la nature, il serait généreux et juste, digne de notre noble France, que chaque village, chaque ville du territoire, et dans les grandes villes chaque quartier, élevât sur une de ses places, à ses frais, un modeste monument — partout de même forme — où seraient gravés les noms des combattants, originaires du lieu, tombés au cours de l'effroyable lutte, — tués, morts de maladie ou des suites de leurs blessures, disparus, mutilés, — avec toutes les autres indications accessoires voulues. Une plaque de métal inoxydable, de fonte au besoin, de dimensions modestes — qui varieraient d'ailleurs selon le nombre des noms à inscrire — et fixée de champ à un bloc de pierre, c'est tout ce qu'il faudrait : il serait même juste et désirable qu'une seconde plaque, au revers de la pierre, fût consacrée à ceux qui habitaient le lieu sans en être originaires. Et ce ne serait pas bien cher (on sait pour qui je parle : que leur pardonnent, à ceux-là, les mânes de nos pauvres frères frappés par milliers, de leur fait, aux premières batailles !) Ajoutons bien vite que, du même droit rigoureux, devraient trouver place sur l'humble et glorieux nécrologe, car nous les enveloppons naturellement dans la même reconnaissante piété, dans les mêmes douloureux regrets, et les victimes de nos combats d'outre-mer actuels, et les victimes de la guerre de 1870, mère scélérate de celle qui ensanglante notre sol aujourd'hui.

Sans doute l'heure n'est pas aux pensées amollissantes : la lutte haletante, impliable, pour tirer à tout prix notre France du péril, c'est présentement le but sacré où toutes les volontés, toutes les énergies doivent tendre ; plus rien ne compte que l'action fébrile, farouche, que ce qui apporte une aide immédiate et tangible à nos efforts. Pourtant, à ce seul point de vue déjà, si l'on n'en veut pas envisager d'autres, le vœu exprimé ici serait-il si dédaignable ? On peut présumer que non. Je n'ai pas besoin de dire que l'énergie et l'entrain inouïs dont nos soldats ne cessent un instant de faire preuve d'un bout à l'autre de la ligne de feu nous transportent de fierté et d'admiration. Mais nous songeons aussi, avec une anxiété croissante, que de telles fatigues, depuis si longtemps endurées sans repos ni trêve dans ce milieu de mort et de carnage, tant de journées d'infernales batailles, parfois sans nourriture, suivies de nuits sans sommeil, dans des tranchées glacées et boueuses visitées par la mitraille, dépassent effroyablement les limites de l'endurance physique et morale humaine (leur chef suprême l'a proclamé magnifiquement : « ils sont allés au delà de leur devoir, au delà même de ce qui paraissait possible »), et vraiment l'heure semble atteinte où, dans les fureurs de la tuerie, quelques crises passagères d'abattement pourraient naître d'ébranlements pareils, où plus d'un, même des mieux trempés, murmurera peut-être : « La mort hurle autour de moi. Où es-tu, ma mère ? Si je meurs, qui se souviendra, là bas, du malheureux soldat tué à la guerre ? Qui jamais saura ce que fut sa détresse dernière ? Quelques larmes d'abord, puis, peu à peu, l'oubli, pour toujours l'oubli. Alors, à quoi bon l'effort, le sacrifice ? O nature ! que t'ai-je fait ? Pourquoi, pourquoi suis-je né ? » Or ce serait honte et pitié que nous ne pussions pas lui répondre : « Non, pauvre enfant, non, pauvre frère, si tu tombes, tu ne seras pas oublié. Tu ne seras jamais oublié ! Nous le serons, nous, les vieux, qui n'aurons pas été au danger, à la souffrance, et qui bientôt te suivrons dans la mort ; mais toi, une pierre dressée ici, au milieu de nous, non loin du foyer où tu grandis, des champs et des haies qui virent tes premiers jeux et entendirent tes jeunes rires, gardera pour jamais et pour jamais fera doucement rayonner ton nom : pour nous tous, pour les tiens, dont tu resteras l'honneur et l'orgueil, pour tous ceux que tu aimas et qui t'aimèrent, elle sera un perpétuel appel au cœur. Vers elle, — vers toi, — beau soldat de vingt ans, hantée de ton image, se glissera souvent dans l'ombre du soir celle dont la grâce printanière enchantait ta pensée, qui s'était promise à toi, heureuse de lier son sort au tien ; et celle aussi, déchirée de plus profondes tristesses, sombre soldat de trente ans, de quarante ou plus peut-être ! — surpris dans ta longue habitude du bonheur familial, — celle qui dès longtemps était tienne, la chair de ta chair, ta joie et ton bien, ton refuge contre les méchancetés et les laideurs de la vie. Et chaque fois la pierre se parera d'une modeste fleur, cueillie de sa main et baisée de ses lèvres, mouillée d'une larme d'inconsolable chagrin infiniment douce à ton âme immortelle, — car ton cœur et ta raison te le disent, tous les penseurs d'esprit sain te l'affirment, la fin du corps n'est pas la fin de l'âme. La mort sans lendemain, le néant pour conclusion implacable à la nauséeuse succession de dégoûts et de misères qu'est pour tant de nous l'existence impliquerait un Dieu sinistre, jonglant éternellement avec la douleur des êtres pitoyables appelés à la vie par lui à ce dessein, un Dieu menteur, mauvais par essence, qui ne peut être celui qui prodigue autour de nous les éblouissants témoignages de sa puissance sans bornes et verse dans nos cœurs, où pleurent nos souvenirs, de si véhémentes espérances. Non, frère, le mal n'est pas le but dernier de la pensée divine. Le mal n'est que la rançon du bien à venir. Ce n'est pas uniquement en vue du mal, pour sa glorification et son règne ultime, qu'est faite, dans l'infini du temps, l'universelle merveille. Frère, n'en crois pas de débiles philosophies pour qui rien n'existe que d'aveugles lois mécaniques, exclusives d'une volonté souveraine ; écoute la voix qui perpétuellement vient vers nous du sein du grand mystère : « Il y a un au-delà. » — Et le noble garçon se ressaisirait soudain, et la douce vision du village chéri, des êtres et des choses qu'il y laissa, illuminerait son front : « Vive Dieu, si un peu de mon pauvre souvenir doit demeurer là-bas ! Je n'y osais pas compter, c'était mon angoisse ; tout change, à présent ! Si mon heure est venue, je ne mourrai pas tout entier. Ils m'ont tué mes amis et je ne les vengerais pas? On ne meurt qu'une fois. En avant ! Adieu à tout ce que j'aime. Vif ou mort, c'est le devoir ! »

L'idée prendra-t-elle corps ? Des plaisantins m'ont osé répondre : « Ça ne les ressuscitera pas. » Mais les femmes — des épouses, des fiancées, des mères — n'ont eu qu'un cri : « Oh ! essayez ! Ce serait justice ! Au moins cela pour eux, ô mon Dieu ! » Et des sanglots les ont secouées, leurs yeux se sont remplis de larmes. C'est elles que j'écouterai. Que s'y emploient donc, si ce trop long plaidoyer ne les a pas lassés, ceux qui sont en situation d'émouvoir les pouvoirs publics ; que par leur généreuse intervention obligation soit faite dès à présent à toutes les municipalités de France d'exécuter, le moment venu, ce qui est proposé dans cette requête, et que cette décision, si elle est prise, soit portée sans retard à la connaissance de tous nos soldats, où qu'ils soient, en commençant par ceux du front, bien entendu.

Nous le leur devons bien ! C'est qu'ils auront été les guerriers de la guerre géante, — la guerre d'Attila II, — la plus terrible que jamais ait connue la terre, si terrible que l'un d'entre eux, un humble résinier de nos *ségues* landaises, écrivait dernièrement à sa jeune femme : « Pour ce que j'y ai vu d'horreurs, si je reviens vers toi, je demeurerai triste le reste de ma vie. » (Il ne reviendra

pas vers elle ! deux jours après les Boches le tuaient.)—
Souvenons-nous que lorsque retentiront sur notre sol
français les acclamations de la victoire, eux seuls, à qui
nous la devrons, eux seuls ne les entendront pas ! Ils
dormiront bien loin de nous leur dernier sommeil, bien
loin de la terre maternelle, pour laquelle ils auront
donné leur vie et qui jamais ne recevra leurs os. Ce pieux
et suprême hommage, — combien faible, en vérité ! —
la terre maternelle le leur refusera-t-elle ?

Félix Arnaudin.

Labouheyre, 3 octobre 1914.

P. S. — Naturellement, la pensée dont se sont inspi-
rées ces lignes a dû venir dès la première heure à tous
les bons esprits, et ce qui ressort des communications
qui, çà et là, depuis, se sont fait jour dans la presse,
c'est que deux sentiments sont en présence, — presque
en conflit, car de l'un des deux côtés la moquerie et le
persiflage s'y mêlent quelquefois, — mais au demeurant
conciliables. Les uns, les habitants des villes surtout,
visent à de superbes manifestations de la statuaire où
l'on ne saurait apporter trop d'imagination et de recherche, trop de richesse et de *diversité*. Et c'est normal : se
mouvant dans un milieu de luxe et de magnificences, le
citadin, par habitude, rêve le maximum d'effet ; il voit
grand toujours, le théâtral le hante; inconsciemment il

est porté à ne percevoir les choses de la vie qu'à travers le mirage de l'apparat et du faste. Donc, pour ceux qu'il a perdus, des monuments variables, selon le goût local, de dimensions et de forme, toute une floraison somptueuse de piédestaux et de bas-reliefs, de figures symboliques et d'allégories où des artistes d'élite prodigueront d'enthousiasme les ressources de leur talent et la flamme de leur patriotisme à la légitime glorification de leurs héros disparus. Mais nous, les ruraux, — les simples, — plus voisins de la nature, et de mentalité partant moins large, moins accessible aux fascinations de l'art, ce qui, à droit ou à tort, est dans nos vœux, c'est en l'espèce l'*uniformité*, j'entends l'adoption d'un modèle de monument unique, et la *simplicité*. L'uniformité ! ne semble-t-il pas tout d'abord qu'elle s'impose ici, sous peine de semer pour l'avenir des germes de mesquines jalousies populaires de clocher à clocher, mais aussi pour cette raison, péremptoire s'il en fût, que tous, là-bas, ils furent égaux devant la souffrance et le péril, tous égaux devant la mort ? N'est-il pas de primitive et souveraine justice qu'ils restent tous égaux dans l'hommage que nous voulons leur rendre ? Par conséquent, pour les nôtres, pour les fils de notre terre landaise qui jamais plus ne verront refleurir sa douce bruyère — et les urbains exceptés, puisque l'idée d'uniformité générale n'est pas agréée partout — une plaque de bronze ou de simple fonte dans chaque village, avec leurs noms en caractères grêles et saillants, bien lisibles, francs de la vanité de l'ornement. Et qu'elle frappe à plein les yeux ; qu'elle ne soit pas reléguée entre les quatre murs officiels d'une froide mairie ni même dans son voisinage immédiat, non plus d'ailleurs que dans la morne et dormante solitude d'un cimetière, où beaucoup n'entrent qu'occasionnellement, trop souvent en foules distraites pressées d'en sortir. Qu'elle se dresse indestructible, modeste, mais libre, dédaigneuse des grandes voies où passe en éclair le vague étranger indifférent, dans un coin tranquille d'une place du bourg, sous un vieux chêne s'il se peut, au bord d'un chemin familier à l'habitant, au travailleur local, au résinier qu'appelle vers sa *sègue* sa tâche quotidienne. Et devant ces pauvres noms sacrés, ainsi offerts aux yeux sans appareil superflu, sans parure autre qu'un simple rameau de verdure ou quelque fleur rustique qu'on se disputera, je l'espère, l'honneur d'y entretenir, l'impression sera plus intime et plus puissante, ira plus droit au cœur et y demeurera toujours aussi vivante, toujours aussi profonde et douloureusement incrustée.

F. A.

1er décembre 1918.

Force m'est d'ajouter un dernier mot pour reconnaître, non sans tristesse et confusion, que mon humble proposition ne s'est pas réalisée dans les conditions que je souhaitais. En beaucoup de communes de la région, d'autres considérations, puisées dans l'amour-propre local, ont finalement prévalu : leurs tenants, — des nouveaux riches pour la plupart, des profiteurs (c'est dans leurs cordes et c'est eux qui font l'opinion), — ne devraient pourtant pas ignorer que le Comité de l'Alliance républicaine s'est prononcé, dès 1915, pour les monuments simples et *uniformes* ; qu'à ce propos des discussions de côté et d'autre ont eu lieu où cette opinion a été ardemment défendue (au Conseil général de la Charente-Inférieure, par exemple); qu'un décret assez récent (septembre dernier) du Président de la République lui-même a décidé que sur toutes les tombes des soldats morts pour la défense de la Patrie qui reposent « dans les cimetières du front « ou dans les cimetières communaux seront élevées *des* « *stèles d'un modèle uniforme symbolisant l'égalité devant* « *la reconnaissance nationale* ». Et je ne saurais mieux finir qu'en reproduisant ce qu'écrivait naguère encore sur le sujet en question (*Pet. Gironde* du 17 janvier) un homme en qui se personnifie la bravoure militaire jointe aux plus nobles sentiments de vraie et agissante humanité, le colonel Picot, député de la Gironde, un mutilé

lui aussi : « Les plus touchantes (de ces cérémonies) ne
« sont pas les plus fastueuses, mais celles (où s'associe)
« la plus grande simplicité... *C'est un travers auquel se
« laissent entraîner certains comités que de vouloir élever
« un monument dont le prix dépasse leurs ressources. Qu'ils
« sachent que la simplicité a sa grandeur.* » C'est la voix
même de la raison ; le beau, c'est le simple, c'est un
axiome ; et l'on conviendra, il faut le croire, que
la pensée modestement exprimée en ces pages n'est
point aussi ridicule et isolée qu'on s'est plu à le répéter.
Mais que pèsent les considérations de modestie et de bon
sens devant l'effroyable vague de suffisance et d'orgueil
qui envahit et submerge notre malheureuse Lande du
temps présent ? — Obstiné dans mon idée, aux municipalités qui peuvent encore demeurer indécises sur l'emploi des sommes recueillies, je dirai : Payez d'abord à
vos morts votre dette de reconnaissance, elle est sacrée ;
y manquer serait un crime ; mais que ce soit sans arriè-
re-pensée d'ostentation, sans trace d'apparat et de glo-
riole. Puis, s'il y a un excédent, voyez autour de vous
s'il reste du bien à faire : de pauvres jeunes filles nubi-
les, par exemple, dont une petite dot faciliterait le mariage, à quoi viendrait s'ajouter dans la suite une prime
équitable pour chaque enfant qui naîtrait d'elle. Qu'on
le veuille ou non, ayons le courage de le dire, c'est là que
la collectivité devra inéluctablement venir, quitte à effec-
tuer des économies ailleurs, et Dieu sait s'il y en a de
désirables ! La question de la natalité et de la dépopula-
tion est loin d'être résolue. Songez qu'en 1914 déjà
Roosevelt déclarait que la France, la perdant de vue,
courait au suicide, — et celui-là était un de nos amis
sincères ; songez qu'un de ceux qui ont gagné la guerre,
Clémenceau, jetait en 1919 ce cri terrible en pleine
Chambre, et jamais il ne fut plus énergiquement ap-
plaudi : « Il faut que la France ait beaucoup d'enfants ;
« sinon, vous mettrez dans le traité tout ce que vous
« voudrez, la France est perdue. » Dans vingt ans il y
aura sous le soleil quelque quatre-vingt millions de
Boches implacables, de Huns atroces, contre une
quarantaine de millions de Français oublieux et flot-
tants : croyez-vous, oui ou non, que l'argent qui va

être répandu à profusion de tous côtés pour la satisfaction d'un amour-propre mal entendu ne serait pas plus sainement et patriotiquement utilisé à aider, si peu que ce fût, à la solution d'un problème qui met le sort de la nation en jeu?

Le moulin de Barrouil (Saugnac-et-Muret)

II

Bail à fief par Comet de Laur, seigneur de Belhade, du moulin de Barrouil, sis à « Saulhac » (Saugnac-et-Muret), à Andrieu de Saulhac. — 26 Mai 1533.

Cet acte, assez curieuse épave de notre passé grand-landais, m'a paru digne d'être publié, — bien qu'il ne puisse guère intéresser que les habitants des localités qu'il mentionne, — ne fût-ce qu'en raison de sa date, car les documents de cette époque sont clairsemés ou peu accessibles. on le sait de reste, dans toute notre région. (Et que glaner en effet dans ce qu'était alors notre désert, exclusivement voué à la vie pastorale et demeuré en grande partie ignoré même dans notre propre histoire provinciale?) Il est écrit sur une belle feuille de parchemin qui ne mesure pas moins de soixante-seize centimètres en hauteur sur cinquante-quatre en largeur et dont il ne prend que l'une des deux pages, tout entière

occupée du haut en bas, ne laissant à gauche que cinq
centimètres et demi de marge ; la seconde reste prodigalement blanche. Signalons tout d'abord cette circonstance que le notaire appelé à le dresser meurt à la tâche
avant d'y avoir pu apposer sa signature, et qu'il porte
celle d'un autre notaire qui se déclare, comme celui-ci,
habitant de Belhade. Et ce n'est même pas de la main
de ce dernier « occupé à autres affaires, » que l'expédition est grossoyée, mais de celle, à lui « féalle », comme il dit, d'un scribe dont la qualité n'est seulement pas
indiquée, un étranger au pays, ce semble bien, car il altère çà et là des mots usuels du dialecte local, par exemple *oua*, *gova*, *boua* (il y a à choisir), « gué », qu'il écrit
très nettement *gra* à deux endroits, et paraît également
ne pas savoir l'exacte prononciation des noms de lieux,
entre autres « Hourson », « Barrouil », « le Muret », qui
sous sa plume deviennent *Lourson*, *Forson*, *Barrelh*, *Barroilh*, *Muret* (sans l'article, ce qui est loin ici d'être sans
importance). Au surplus, son écriture est en général hâtive et incertaine, les caractères restent souvent inachevés, sans compter que sa construction grammaticale est
parfois incohérente et obscure ; si bien que j'ai dû, de
guerre lasse, laisser une demi-douzaine de mots à expliquer avec certitude, et c'est dire que ma transcription
eût gagné à être faite par un vrai paléographe ; mais,
après Chassant, qui, comme d'autres, l'avait déjà constaté (*Paléogr. des Chartes*, pp. 65 et 72). M. Maurice Prou
reconnaît (*Man. de Paléogr.*, p. 153) que « l'écriture du
« xvi⁰ siècle est d'un déchiffrement difficile... ; elle est
« très rapide, très personnelle..., pleine d'abréviations
« irrégulières... ; on abrège en vue de la rapidité, chacun
« suivant sa fantaisie », et, avec l'aveu de mon insuffisance dans le métier, ce sera mon excuse pour les défectuosités qu'on trouvera à propos de me reprocher : elles
seront peu nombreuses, s'il y en a, je crois pouvoir l'assurer.

Inutile de dire que ma copie est la reproduction littérale du texte. Tout ce que je me suis permis, pour la facilité de la lecture, c'est de remplacer par des majuscules
les initiales des noms de lieux et de personnes souvent
laissées en minuscules par le scribe, à ajouter la ponc-

tuation et les apostrophes aux endroits où elles se faisaient le plus désirer, enfin à compléter par des lettres en italiques, comme c'est la règle, les mots abrégés de l'original.

La pièce appartient en propre au possésseur du moulin, M. Jean Dupuch, de Saugnac-et-Muret, qui a eu la gracieuseté, dont je le remercie cordialement, de la mettre à ma disposition.

SAICHENT TOUS *PRÉSÉNS* ET *ADUENIR QUE AUJOURDUY DACTE DE CES PRÉSENTES*, par deuant feu maistre Pierre de Jorgmac, en son viuant notaire royal, habitant de Balhade, et es *présences* des tésmoings cy amprès escriptz et nómmez, a esté présent et personellement constitué noble et puissant seigneur Comet de Laur, seigneur de Balhade, de la Rochechalayes, Pissos, le Boylle[1], Ychous, Tauzièdе et Argelouze, lequel de son bon gré et voullunté, pour luy, ses hoirs et successeurs a baillé en fief nouueau et de nouuelle baillete, selon les fors et coustumes

------

1. Ou *le Boylly.* — Je ne puis localiser ce nom.

du *présent* pays des Lannes, a Andrieu de Saulhac, habitant de la paroisse de Notre-Dame de Saulhac, diocèse de Bazatz, ad ce *présent*, pour luy, ses hoirs et successeurs et qui de luy auront droict et cause au temps aduenyr, Sauoir est toute icelle molle moullante auecques bled appellé (*sic*) la molle de Barrelh et terres de tous estatz apparten*ant* à lad*ite* molle, scituée et assize en lad*ite* parroisse, sur l'arrieu confrontant deuers soleilh leuant au chemyn merca-dey [1] auecques les terres de ceulx de Baque [2], et deuers mydi au lonc des perdeus [3] et auecques la terre dud*it* seigneur, et deuers soleilh couchant au fore [4] des arrieulx qui vienent de (*sic*) Muret et de l'Orson [5] auecques la terre de Jehannoteau du Vigmac d'ung cousté, et de l'au*tre* cousté auecques la terre de Jehannot de Gassies deuers le nort, confrontant auecques la

---

1. Serait-ce le chemin qui conduisait au marché de Liposthey, assez peu distant de là, et qui était très ancien, selon la tradition ?

2. Ou *Vaque*. — Nom inconnu aujourd'hui.

3. Sens probable : « les lieux vides, incultes », « les vacants ».

4. Francisation du gascon local *houre*, « fourche », lequel désigne le point de jonction de deux cours d'eau.

5. « Hourson », en patois *Hoursoun*, nom d'un quartier de Saugnac-et-Muret encore existant.

terre dud*it* seigneur, auecques les perdens, et pourra passer de toutz coustez tant que durent les perdens de l'ariuau [1], sela sella [2]. Tient et possède led*it* de Saulhac toutes icelles [3] qui sont audessus de lad*ite* molle jusques au Forson et jusques au rivau du Muret. Et pour meilleur affermer [4] et assigner aud*it* de Saulhac et à ses hers qui a (*sic*) mandat qualt [5] et promis que aucun ne pourra bastir ne édisfier aucunes moulles ny moullins auecques blad [6] d'aucune gradisson [7] que que (*sic*) soyent sur lesd*its* arrieulx jusques ausdits rivaulx du Forson et du Muret et ainsin mêmes par bas jusques à l'Ayre, que personne ne pourra bastir, *comme* [8] dict

---

1. Du patois *arriouot*, « petit ruisseau ».

2. J'ignore le sens de cette locution, écrite telle très nettement. On pourrait supposer qu'une *t* manque dans le premier mot ou qu'elle est de reste dans le second. On constatera ailleurs des graphies du notaire ou du copiste aussi déroutantes.

3. Le mot *terres* est omis probablement.

4. C.-à-d. : assurer.

5. *Mandat qualt* serait-il pour *mandat et qualité*?

6. On lit *bled* plus haut. Les variations de forme pour un même mot sont trop nombreuses pour que je m'astreigne à les relever toutes.

7. J'ignore le sens exact de ce mot, écrit très lisiblement.

8. Dans le texte *qme*.

est. Pour lequel auanchon [1], moulle et terres dessus *question* que (*sic*) faict de rente chescun an aud*it* seigneur de Ba]hade quarante ardictz tourn*ois pour* l*à*d*ite* molle de Barrelh. Plus paye par (*sic*) la molliade la moliète [2] du Muret trente ardictz, ainsin que *question*.; deuers [3] soleilh leuant auecquès la craste [4] de

---

1. Serait-ce une altération ou une forme personnelle au notaire de l'ancien français « avance », « avancie », avantage ?

2. Cf. la note marginale de l'acte renvoyée à la fin.

3. Ce qui suit semble se rattacher fort mal à ce qui précède. Je ne puis, je l'ai dit, que transcrire l'acte textuellement, même quand il paraît décousu et peu compréhensible, quand sont évidentes des omissions de mots ou de phrases du notaire ou du scribe.

4. Je reproduirai ici, en m'excusant de sa longueur, ma réponse à un savant dialectologue qui récemment m'exprimait le désir de connaître le sens exact de ce mot dans le parler de Labouheyre : « Un vieux proverbe « grand-landais, *S'i'a barat qu'i'a craste*, était tradition- « nellement invoqué autrefois par le propriétaire de la « digue, du rejet de terre — *lou barat* — entourant un « champ ou un pré, pour justifier de la possession du « fossé extérieur, — *le craste* — dont la terre qui en était « sortie avait nécessairement servi à former cette digue. « Anciennement donc, chez nous, le *barat* était la digue « et la *craste* le fossé. (Pour une ancienne confusion de « sens probable entre *barat* et *craste*, voy. les mots *barat*, « *craxto* et *ralàt* dans le *Trésor*, de Mistral, qui la repro- « duit sans la remarquer, ce semble bien. Le *Glossaire*, « de Du Cange, aux mots *baratum* et *callatum*, ne donne « rien, si j'ai bien lu, de relatif au cas en question.) Mais « aujourd'hui, et depuis bien longtemps sans doute, —

ce pesquey deuers mydy auecques la terre dud*it*
de Saulhac tout le lonc du perdeut de l'ariuau

« car nos vieillards d'il y a cinquante ans n'avaient guère
« jamais connu d'autre usage, — *barat*, dans notre lan-
« gage courant, est passé de son acception peut-être ori-
« ginelle de digue à l'acception tout opposée de fossé :
« on appelle *barat*, et aussi, concurremment, *craste*, une
« tranchée quelconque, petite ou grande, ouverte dans
« les terres aqueuses ou sèches, même celles qui, lon-
« geant intérieurement les haies des terres cultivées,
« y sont pratiquées surtout pour trancher les racines,
« *tous treunque-bau* ; selon les habitudes locales, les deux
« mots sont plus ou moins fréquents l'un que l'autre. —
« En un emploi particulier, la différenciation est toute-
« fois nette dans une grande partie de nos villages
« grand-landais : le mot *craste* s'y applique à la rigole
« naturelle, vierge du travail de l'homme, par où vien-
« nent s'égoutter et déboucher les eaux des marécages
« demeurés dans leur état primitif, pour ne pas dire
« sauvage, au fond de certaines landes incultes ; et là,
« proche ou loin, la *craste* est continuée par un fossé, —
« *un barat, uou'barade*. — creusé de main d'homme ce-
« lui-là, et qui s'en va, tant bien que mal canalisé, tom-
« ber dans un ruisseau voisin, s'il ne finit, en grossis-
« sant, par le former lui même : à Luë, à Labouheyre, à
« Commensacq, nous avons *le craste de Chioule, le craste
« dou Miyoun, le craste de les Laourines, le craste de Lilère,
« le craste de Harioou, le craste de les Bacsourdes, le craste
« dous Sanglurooux, le craste de Baquesérre*, dont l'eau,
« provenant de terres basses ou de marais, est souvent
« mi-coulante, mi croupissante ; et nous avons aussi *lou
« barat de Bilat, lou barat dou Basta, lou barat dou
« Prilhat, lou barat de le Coualhole, le barade de le
« Mouléyre, le barade de Pénote*, qui sont des ruisselets
« dont l'eau coule peu ou prou, même avec quelque force
« l'hiver ; or là, jamais, quand les vieillards les nom-
« ment, les mots *craste* et *barat* ou leurs dérivés ne sont
« interchangés. » (Sur la *craste des Laourines*, énumérée

d'Agin [1] une petite craste qui est auprès du gué du bosc [2], et deuers nord auecques la terre de ceux de Bertes [3] et de ses (*sic*) consors, et cabat [4] les perdeus jusques à la c..ce [5] de l'abelhey [6]. Plus toute icelle pièce de terre et soytre (?) appelé (*sic*) la terre Hort (?)et ainsin que confron*te* deuers soleilh couchant auecques la terre desd*its* de Bertes, auecques l'abelhey, et deuers nord au chemyn qui vient de Filhon, tirant à Barroilh, et capbat long (?) chemyn jusques à la terre d'Estetinx de Larme (?) qui est deuers soleilh leuant, et deuers mydy auecques

---

plus haut, je voudrais faire cette petite remarque qu'elle consiste en un menu ruisselet solitaire où, au cœur de la nuit, disait-on, — et que de grâce et de fraîche poésie, souvent, dans ces naïves croyances des temps disparus ! — ceux des quartiers de Médous et de Marlenx entendaient parfois résonner les légers battoirs d'or des fées qui, à la belle clarté de la pleine lune, venaient laver là leur fine lessive, selon leur habitude de choisir les lieux déserts, éloignés des sentiers, où leur travail et les ébats jolis dont elles l'accompagnaient avaient chance de rester cachés aux indignes regards humains.)

1. On pourrait également lire *d'Agui, d'Aqui*. Nom aujourd'hui inconnu.

2. Le patois actuel dit *bos* : « bois, bocage, forêt ».

3. Nom aujourd'hui inconnu.

4. Pour *capbat*, « parmi », en cet emploi.

5. Ou *l'ac..ce*.

6. « Apier, rucher ».

l'aribau, auecques la terre de la Molate. Et par *(sic)* ladi*te* terre poyera troyz ardietz de fief. Plus tout icelluy pesquey et terres appartenan*t* audi*t* pesquey, ainsi que confron*te* deuers soleilh leuant au grand pujou [1] et au terrey de la Molasse, et deuers midy confron*te* auecques la terre du seigneur de Balhade. Prent tout au long des perdeus de l'arivau cassus [2] deuers mydy au chemyn glesey [3], et prent toute icelle lague [4] que led*it* de présent (?) en parair (?) et faire pesquey. Plus du chamyn gleysey qui est le chemyn [5] ont [6] passent les cas [7] tirant tout droict deuers le nort à une petite craste qui est auprès du gra [8] du bosc et devers lou [9] nort confron*tant* auecques les perdeus de l'aribau de la Molasse jusques à la crasthe du pesquey et

---

1. Gascon du Muret : *pujoou,*
2. Pour *capsus,* « du levant ».
3. « de l'église ».
4. Gascon du Muret : *lagu* ; à Labouheyre *laguoue.*
5. Rem. *chamyn* et *chemyn* dans la même phrase.
6. Gascon local : *oün.* On sait que certains patois disent *ounte.*
7. *Ca,* ancien char landais à quatre roues basses.
8. Pour *goua,* « gué ».
9. Ecrit tel très lisiblement. On doit croire que notre patois était le parler accoutumé du notaire qui dictait l'acte, et qu'il s'en souvenait parfois inopportunément.

dud*it* pesquey et Fort confront*ant* auecques l'arieu deuers le nort jusques au terrey de la Molasse, et pague (*sic*) pour lesd*its* pesquey et terres quatre ardietz de rente cheseun an. Des-quelz heretaiges dessus qu*es*tion et déclair*ation* led*it* André de Saulhac en a prins et receu ves-tizion et inféoda*tion* dud*it* seigneur de fief, le-quel l'en a receu et par ces p*rése*ntes reçoigt pour affenat teneneyer [1] et l'en a vestu et saisi du tout comme d'ung fief nouueau et d'une sei-gneurie par le bailh d'une plume d'escripuain, en signe de vraye possession, à la charge de deux denyers tourn*ois* d'esporle a muance de seigneur ou affenat, d'une part ou d'au*tre*, quand le cas y escherra, et pour quatre ard*itz* pour led*it* pes-quey et terres de cens et rente annuelle et per-pétuelle que led*it* affenat, ses hoirz et succes-seurs seront doresnauant tenuz payer et bailler par cheseun an aud*it* seigneur de fief, ses hoirs et successeurs, au jour et feste de cap d'an, le tout pourté et rendu en lad*ite* seigneurie de Balhade ou autre lieu, aux choix, voulloir et *commodité* [2] dud*it* seigneur de fief, ses hoirs et successeurs, procureurs, recepueurs, commis et

---

1. « tenancier ».
2. Le texte porte, abréviativ., *qde*.

depputés, sans nul autre dict. Et a promys doyct et sera tenu ledit affenat, ses hoirs et successeurs, .s...ler [1] et recougnoistre faire et prandre droict dudit seigneur de fief, ses hoirs et successeurs, se tort ou force le...yt [2] faicte audit fief dessus declairé. Lequel fief icelluy dict affenat, ses hoirs et successeurs ne pourront accazer ne soubz-accazer, bailler, alouyer et gander *(sic)* perpetuel-*lement* ne icelluy mettre en main morte ne forthe, tant sécullière que d'église, ne faire aucune autre chouse *par* laquelle les cens, rentes, ventes, honneurs, arréraiges et autres droictz et debuoirs seigneuriaulx dudit seigneur de fief, ses hoirs et successeurs en fussent ou pussent estre perduz, détériorez ne dyminuez en aucun temps ne aucune manière. Et en ceste qualité, condition et manière que dessus, ledit seigneur de fief a pro-mys et par ces *présentes* promet audit affenat, ses hoirs et successeurs qu'il leur sera bon et vray seigneur de fief et que dudit fief leur pour-tera bónne ferme, loyalle euctroy *(sic)* garen-thie enuers et contre toutes *personnes* tant en jugement que dehors de par seigneurie ses sei-

---

1. Mot tâché.

2. *Id.*

gneuries *(sic)* tout ainsi, et par la forme et manière que ung bon seigneur de fief est tenu faire et pourter à son affenat et emphithéote selon la coustume du *présent* pays des Lannes, les droictz et deuoirs seigneuriaulx dud*it* seigneur, telz que seigneurs de fief les doilt et peult avoir en son fief et sur son affenat, saufz et réservez Et pour estre, tenyr, garder, réseruer et entièrement accomplir ce que dessus est dict et qu*estion, lesd*ites* parties et chescunes d'elles en ont obligé et obligent l'une *partie* à l'au*tre* lurs *propres personnes* et biens meubles et immeubles *présens* et aduenyr quelzconques, lesquelles *personnes* et biens susd*its* ont soubzmys et soubzmètent quant ad ce aux juri*dictions*, rigueurs, vigueur, destroictz, juri*dictions* [1] et compultions de toutes et chescunes les courtz temporelles ayant cours, juri*diction*, au *présent* royaulme de France, l'une pour l'autre non cessant ny demeurant empêcher, par lesquelles et chescunes d'elles ont vouleu et consenti estre contrainctes et *compellées* comme par chouse claire, notoire et manifeste, juger et en jugement confesser sans autre figure de procès, renonçant en ce faisant lesd*ites* parties et chescune d'elles toucher et peult toucher

---

1. Rem. la répétition.

à toutes exeptions *(sic)* déceptions, priuilèges, catulla*tions* (?) et cautelles, à tout droict c.. et trac... (?) escript et non escript, à toutes chouses ad ce *contraires*, et par exprès au droict de faict, généralle renoncia*tion* ne valoir si non qu'il y aye spécialle *procédance*, et ainsin l'ont promys et juré lesdictes parties respectiuement tenyr, garder, *complir* et obseruer sans jamays *faire*, dire et venyr ne consentir à aucun qui voulust venyr au contraire en aucune mani*ère*, moyenant serment par elles et chescune d'elles faict et presté aux sainctz euangilles no*tre* Seigneur corporellement touchés. Desquelles chouses susd*ites* chescunes desd*ites* *parties* a requis instrument leur estre à chescune d'elles retenu, fait et expédié, que leur a été expédié le vingt sixiesme jour de may l'an mil cinq cens trente trois, es *présences* de honorables Bertrand de Bern, Bernard de Bern, Guytard de Lapios et Estiène de Jormac, procur*eurs* tesmoings ad ce appelés et requis, et dud*it* feu maistre Pierre de Jormac, notaire en son viuant royal, habitant dud*it* Balhade, qui le *présent* instrument a retenu, mys et rédigé par escript en ces [1]

---

1. Pour *ses*.

ceddes, registres et prothocolles, mays, pré-
venu de mort, ne l'a peu grossoyer ne metre
en forme autenticque ne probante. Par quoi
je, Pierre Dufaur, notaire royal, habitant dudit Balhade, en vertu et aultorité de la permission à moy balhé *(sic)* et rédigée par monsieur le sénéchal des Lannes ou monsieur
son lieutenant au siège Dacqs, de laquelle
permission la teneur s'ensuyt : *Jehan Ba-
rere* [1] *licen. c⁻ droicts, lieuten. gnal.*, et quy
à cause de bru insuète, [2] obmize à insérer,
ay faict escripre et grossoyer le *présent* instrument *par* au*tre* main à moy féalle, moy otcupé [3]
à autres affaires et négosses à ce me mouvans,
lequel instrument d'une colla*tion* premièrement
faicte à son *propre* original en la substance
du faict, en re..s non m...e, l'ay signé de

---

1. Je trouve le nom du lieutenant général écrit *Bar-
reire* dans nombre d'autres pièces de la même époque.

2. Le sens serait-il : « à cause des lettres insuètes,
bru » ?

3. Peut-être faut-il voir dans ce *t* un reste de l'écriture
du xvᵉ siècle, où le *c* et le *t* se mettaient souvent l'un
pour l'autre. Voy. Chassant, *Paléographie*, etc., p. 45.

mon sci*n*g manuel, en foy de tesmoing et vérité.

P. Dufaur, not. ral. [1]

Pour terminer, je transcris ici ce que je puis déchiffrer d'une note en partie effacée détaillant le coût de la passation du contrat et placée en marge de l'acte par le notaire lui-même, sans nul doute, car l'écriture est très menue et très différente de tout le reste :

Dix sols por le moullin de Barroulh........ 10 s.
Por la moulliade de la moullette du Muret...   7 s. 6 d.
Por la terre de Fortet neuf deniers ....   9 d.
Por le pesquey et........ (?) ung sol.........   1 s.
Monte .... 19 s. 3 d.

---

1. Dans la paraphe, d'un arrangement assez compliqué, se remarquent quelques vagues caractères que je n'arrive pas à mettre au clair.

III

Lettre inédite de la cour du parlement de Bordeaux à M. de Poyanne, gouverneur de Dax. — (21 juin 1586).

Je fis, il y a une vingtaine d'années, l'acquisition d'un petit lot de documents du xvie siècle d'ordre divers dont les plus importants, que je pensais imprimer tous ici conjointement, étaient, le premier, l'original d'un « role et état » manuscrit, comprenant 13 pages in-4°, « des gentilshommes et officiers » au service d'Henri, roi de Navarre (le futur Henri IV) en l'année 1577, et non dépourvu d'intérêt, me semble-t-il, pour l'histoire de cette maison, — mais certaines difficultés de lecture dans les noms propres et le défaut de temps m'obligent, à mon très grand regret, à en renvoyer la publication à un autre moment (qui malheureusement pourra se faire plus ou moins attendre) ; et le second, l'original aussi de la pièce dont on a lu ci-dessus le titre : c'est une lettre formée de deux feuillets 20x28 de papier dont la première page est remplie par le texte intégral de la missive, la seconde et la troisième demeurant vides ; le tout, pour la facilité de l'envoi au destinataire sans doute, est plié transversalement en quatre, réduit ainsi à un étroit rectangle de sept centimètres sur un peu moins de vingt — où sont restées quelques traces de cire rouge — qui ne pouvait même empêcher le messager de lire par les deux bords, répondant en somme assez mal à l'idée qu'on est porté à se faire de la dignité d'un parlement, et portant modestement sur la tranche extérieure de la dernière et quatrième page cette suscription :

Monsieur

Monsieur de Poyanne,
chlr de lordre du roy, capne
de cinqte hommes darmes de
ses ordonns et gouvernr Daqs

La pièce elle-même est ainsi conçue :

Monsieur, nous auons receu aduertissementz de plusieurs endroitz des volleries, meurtres, et auctres exces et violances que le sr [1] Descouasse et ceulx qui auecques luy occupent

---

1. le seigneur ; ou : le sieur.

les tours de Labrit commectent chascun jour au pays des Lannes et particullièrment ez enuirons de Pissolz, et de grandes leuées de deniers qu'ilz font sur le pauvre peuple soubs le nom des contribu*tions*, empruntz et auc*tres* prétextes dont ilz desguisent et couurent leurs mauuaises actions et depportemens. La court a décrété a l'encontre d'eux, et désire qu'ilz soient apréhendés et représentés à la Justice pour receuoir le seallaire de leurs démérites et que *pour* cest effect vous vous employés auec tous les honnestes hommes fidelles et affectio*nn*és subjec*t*z du Roy *qui* ont créance en vous, et qu'a tout le moins, si cela ne se peult promptem*ent* faire, vous donniés ordre à réprimer l'insolance et coursses de ses *(sic)* desbordés, comme elle s'asseure *que* vous ferez, et qu'à ce besoing n'abandonnerés ce peuple de vos cartiers, qui vous tend les mains, ne pouuant auoir po*ur* le présent secours d'ailleurs, dont nous vous prions po*ur* le seruice du Roy, qui vous est bien affectionné et recommandé, et adjousterons seullem*ent que* nous aduertirons sa maiesté de *vostre* debuoir pour le recognoistre, comme aussi, de sa part, fera la*dite* court, s'offrant l'occa*s*ion. A quoy nous tiendrons la main de *nostre* costé d'aussi bon cœur

que neus saluons vos bonnes graces de nos affec-
tionnées recommandations, priantz Dieu,

Monsieur, vous tenir en santé longue et heureuse.. ...[1].

Vos affectionnés amis et seruiteurs.

Dusault, Desligues.

Bordeaux, ce xxie juing 1586.

L'*Inventaire sommaire* de nos archives départementales
landaises, publié en 1868 par Tartière, signale, pour la
commune de Sanguinet, « l'aveu et dénombrement fait
en 1664 par messire François-Joseph de Monferran, seigneur marquis de Landiras, *Escouasse*, etc., grand sénéchal de Guyenne, à S. A. le duc de Bouillon, duc d'Albret », dans lequel il déclare « posséder en Sanguinet
château, prés, bois, étang, marais, métairies, haute,
moyenne et basse justice ». Suit ajoute l'Inventaire, la
liste des tenanciers et amphytéotes. (Mais, très fâcheu-
sement, il se trouve que cette intéressante pièce a disparu de son dépôt naturel sans qu'on ait réussi à retrouver sa trace, et je ne puis qu'en faire ici mon deuil). —
Desbiey, page 20 de son *Mémoire* sur l'utilisation de nos
landes (Bordeaux, 1776) mentionne, d'un côté, « le château d'Escouasse », dont, dit-il, « on aperçoit encore les
vestiges dans la paroisse de Sanguinet », et de l'autre,
« le fief d'Escouasse », sur les limites du Born et du Ma-
rensin, vers Uza. Par ailleurs, les *Arch. des Bass.-Pyré-
nées*, E 187, citées par Luchaire, *Orig. de la mais. d'Albret*, p. 16, mentionnent un « Arnaldus de (sic) Willermi

---

1. Deux mots abrégés illisibles.

de Seoasse, miles », dans des lettres données à Bazas
par Amanieu d'Albret en 1210 (on voit que la famille
était ancienne), de même que les *Arch. histor. de la Gironde* nous présentent, t. v. p. 414, un « Lombardus d'Es-
cossa, domicellus », possédant maison, hommes et terres
en Sanguinet, Gastes et Parentis. Forcé de faire court,
je me bornerai à ces indications, glanées, un peu au hasard des rencontres, parmi celles qui intéressent des
lieux situés dans notre région ou s'en rapprochant ; mais
on en trouvera de plus nombreuses dans ces mêmes
Arch. historiques, aux Tables du recueil, t. xx, p. 500,
t. xl, p. 387, et aussi dans les *Rôles gascons*, t. iii. *Introd.*,
pp. clxxiv, clxxix, et *Table des noms*, etc., p. 707, au nom
« Lombard d'Escouasse »; (à noter : deux légères erreurs
dans les nos auxquels ce nom renvoie). — On aimerait à
savoir si le décret de prise de corps rendu par la cour du
parlement de Bordeaux put être suivi d'exécution et si
la bande de malandrins qu'il visait reçut le prix de ses
odieux méfaits. Il semble bien que les érudits bordelais,
ayant à leur portée, mieux que tous autres, les sources
d'information désirables, seraient surtout indiqués pour
se livrer avec fruit à cette recherche si elle leur paraissait en valoir la peine.

.*.

Un jour, sur la grand'lande encore entièrement nue
de Labouheyre, vers les chemins de Pissos, un très vieux
berger, adossé à l'ordinaire, les échasses aux jambes,
aux basses tuiles de son *parc* (1), voisin de la jolie lagune
de *Bise*, me parlait de l'ancien temps. Agenouillé à ses
pieds, sur l'herbe rase finement parfumée de miel et
toute bourdonnante d'abeilles de la petite pelouse entou-

---

1. Voy. *Contes de la Grande-Lande*, p. 97. n 1.

rante, j'écoutais avidement ces choses d'autrefois, souvent amusantes, douloureuses parfois, inlassable entretin de la bonne race pastorale qui vivait là heureuse, dans les vagues songeries de l'espace sans bornes et du perpétuel rien-faire, si étrangement. C'était une tiède et radieuse matinée de mai, d'une inexprimable douceur, qui emplissait le désert d'un air de naïve et primitive allégresse, d'un réel enchantement. Non loin de nous, à cinq cents pas au sud, droits sur leur longue colline sablonneuse, couraient en claire colonnade les vieux grands pins de la *Garane* et du *Begué*, éployant, haut dans le ciel, la molle dentelure de leur front vert sombre, comme pour mieux sonder les dernières profondeurs de l'immensité arrondie devant eux. Rien, ailleurs, sur l'étendue plane, de l'ouest au nord et du nord à l'est, que les *bordes* (1) au toit gris et les *parcs* au toit rouge, miroitant, dispersés de loin en loin, sous les vibrations de l'air tiède, et se perdant, rapetissés, à l'extrême horizon. Et, par delà, vers Parentis, Liposthey, Pissos, rien que le ciel béant, la terre inhabitée, vide à donner le vertige, parfois le frisson (je l'ai éprouvé mille fois) : rien si ce n'est, planant au fin fond de l'étendue démesurée, quel-

---

1. Voy. *Contes de la Grande-Lande* et *Vieux Chants*, t. I, p. 63, n. 1.

ques vagues taches bleues où l'œil de l'indigène seul, tant ils prêtaient à la confusion, pouvait reconnaître d'autres bouquets de pins esseulés dans le libre espace, à demi effacés dans tant de lumière et de reculement....

Le vieux pâtre étendit son bâton ; m'indiquant, vers l'ouest, l'un de ces légers flocons bleuâtres, que je prenais pour un insignifiant buisson égaré au profond lointain, mais que lui distinguait mieux du haut de ses échasses, « Là, au nord de Bouricos, me disait-il de sa voix lente, — en son patois concis et imagé dont mon français incolore ne peut être qu'une lourde paraphrase, — un peu à droite, à les regarder d'ici, de ces cinq pins gigantesques, qui dominent ce coin de ciel de leur fine ramure et qu'on voit même du nord de Commensacq, derrière nous *(lous sin mays de Hidéou, coum lous apéren),* c'est la chênaie du *Bos-Taouraou,* de Sintrosse, en Pontenx, à plus de deux lieues d'où nous sommes (1), autrefois première halte, dans leurs migrations périodiques vers Tauziet de Sabres, vers la Serre-des-Prades et d'autres pâturages, des vaches, des « lètes », défilant à la queue leu leu par le pays, au nombre de trois ou quatre cents, souvent plus, si farouches et dangereuses que parfois l'un des va-

---

1. La lieue gasconne, la lieue landaise du moins (observation essentielle), correspond à près de six mille grands pas d'homme.

chers, soufflant à perdre haleine dans son *pihurc*(1), allait
chevauchant une demi-lieue en avant d'elles, pour an
noncer au loin leur passage (2). Et, tout joignant le *Bex*,
le quartier lui-même, où fut un jour tué par un étranger
un pauvre homme dont les deux mains laissèrent sur la
porte de la maisonnette écartée qu'il habitait de larges
taches de sang demeurées toujours ineffacées ; où, aussi,
voilà cent vingt ans, le feu venu d'une *bluhe* de la lande
brûla vives (*a les Pelous, prèche dou Pas-dou-Ca*), deux
malheureuses femmes des vieilles familles Daunesse et
Picat, qui s'attardaient à vouloir sauver les ruches de
leur apier : « *Les troubéren mortes, bras é bras, en tchit-
chóuns. É jamé méy n'i'a tournat lade érbe su 'quent crot.* »

1. Voy. *Vx Chants*, t. i, p. xiv.

2. Dans le troupeau de la famille Lescarret, d'Ychoux,
par exemple, on se serait gardé d'y manquer. — Si rude
et sauvage était la vie des vachers landais autour de leur
fougueux bétail qu'elle paraîtra invraisemblable à maints
néo-landais, — mépriseurs imbéciles de notre si curieux
passé, — si le temps m'est laissé de la décrire quelque
jour : « *Gn'aoué un*, ajoutait le pâtre, *lou Biregoubern dou
Yot, aoué pa beléou, un cop binut gouyat, jamé méy drou-
mit hen un leuyt lou restan de le sou bite.* » Leur manteau
de grosse laine étendu entre deux buissons était leur couche accoutumée par tous les temps, vent, neige, grêle ou
pluie, et en toute saison.

(Des nécessités d'ordre typographique m'empêchent
d'utiliser ici les caractères spéciaux que j'ai fait fondre
pour figurer notre gascon gr.-landais dans le t. i des
Vx Chants ; ils reparaîtront dans le t. ii.)

Puis, non loin de là — semblerait-il d'où nous sommes, mais en réalité plus rapproché de nous d'une lieue environ, — le quartier de Ligautenx, en Luë, où un château exista, dont maintes fois, au lieu dit du Bourguet, — *lou Bourgueut*, — la pioche a mis au jour des briques et des pierres qui en étaient les derniers vestiges ; où un grand seigneur vécut, il y a des siècles, assuraient les anciens, qui n'en savaient même plus le nom [1], le vieux

---

1. L'existence d'un château à Ligautenx dans le passé n'a rien que de très naturel ; il le serait même moins, certainement, que de pauvres travailleurs fussent venus s'établir là, sans appui ni défense éventuels, exposés à tous les dangers qu'un pareil isolement leur eût fait courir à cette époque (et la formation d'anciennes agglomérations dans d'autres lieux aussi déserts de notre région grand-landaise, — Bouricos, Lacrote, Sintrosse, Seouze, dont j'aurai à reparler plus tard, — pourrait à mon avis s'expliquer de la même façon). — Je lis dans les *Rôles gascons* : 1°, au t. ɪ, *Suppl.*, nᵒˢ 4451 et 4458 : « *Année 1255*. Assignati sunt collectores super focallagio.... Gaillardus de **Lugalteng**, Reymundus Willelmi de Muntoser, milites, et archipresbyter de Lebreto, in diocesi Adurensi » ; 2° au t. ɪɪ, nᵒ 494, « *Ann.* 1281 : Quedam littera directa regi [Edwardo ɪ] per homines habentes terras et feoda in Borno.... Agnes, uxor quondam domini Gawardi de **Lugautenc**, militis defuncti, nomine filii sui,.... se ipsos ad ejusdem perpetuum obsequium et debitum formulatum.... Ista littera tradita fuit Petro Lassaylî, preposito de Herbafaveria et de Borno ». — Et voilà donc irréfutablement fixés, grâce aux *Rôles*, qui recèlent tant de choses curieuses de notre Gascogne ancienne, le nom et le prénom, ignorés jusqu'ici, du « seigneur de Ligautenx » dont la mémoire persistait obscurément dans notre tradition locale. Au surplus, une autre source non

quartier de Ligautenx, si seul et si tranquille sur la bruyère, si doux et plaisant à habiter, entre Landais, au cœur de la pleine lande et de la primitive bonne vie pastorale, et auquel ajoute un attrait singulier le voisinage de sa vaste lagune de *Larrouza*, que la canicule même

---

moins sûre, publiée d'ailleurs antérieurement à l'autre, nous apporte très opportunément ici des renseignements complémentaires d'un égal intérêt. Le t. v des *Arch. histor. de la Gironde*, p. 312 (*Recognitiones feodorum*), écrit, dans un latin médiéval çà et là visiblement altéré: «*Ann. 1273.* Gualhardhus de **Lugaten**, Ispanius d'Artigameira,...... pro se et parsonariis de Mimizano. . tenere... partem dimidiam decime de Mimisano et decime de Luas [Lue]...— Item, dictus Gualhardus tenet inparrochia de Biscarrossa, homines, terras... et in parrochia de Mezos in Borno cum una lancea de sporla..... — Item, dictus Gualhardus, cum partionariis suis, tenet in allodium boscum de Casa, apud **Lugaten**, in parrochia de Lua, et tertiam in affario de Latorcia [en Gastes]». Enfin le t. xii, p. 159, mentionne «Ann. 1376, l'ostau gentiu» (la maison noble) d'un «Ramon Guilhem de **Lucgantenh**», de la descendance de Gaillard de Lugatteng. on n'en saurait douter.—Si par «ostau gentiu» il faut entendre non un château militaire véritable, mais simplement une «maison forte», un manoir seigneurial, ce n'est pas à dire que dans le plan d'une construction de cet ordre, qui exigeait d'ailleurs une permission royale, les précautions défensives fussent négligées. il s'en faut ; au t. i (Suppl.) des *Rôles*, n° 4572, ann-1255, je lis, puisant au hasard : « Noverit [quisque] nos concessisse dilecto nostro Petro de Hon, militi.... licenciam.... construendi.... domum in loco quem habet apud Sanctum Paulum in Borno, *cum tali fortalacia in qua secure caleat commorari*; au t. ii, n° 1348, ann. 1289: « Sciatis quod dedimus et concessimus licenciam specialem dilecto.... nostro Guillelmo Arnaldi de Saltu, domicello, faciendi *donum fortem* in loco et terra

ne parvient pas à sécher, profonde qu'elle est par endroits de quinze pieds ou davantage, qui s'agrémente vers le centre d'un frais îlot couvert d'épaisses brandes sous lesquelles les canards ont encore pour coutume de

---

sua quam.... tenet de nobis in parochia de..., diocesis Baionensis, de fossatis, palis lineatis, ponte levaticio, ingeniis et aliis, prout moris est in partibus illis fieri *domos fortes* »; *ibid.* n° 1683 : « concedimus [Bertrando Podensaco] quod possit construere.... *fortem domum* de fossatis, muris, seu palis, et ponte levatico et portalis... in terra sua de.., Sancto Magno.., dyocesis Burdegalensis [Saint-Magne]. » * — (Le nom cité au n° 1572 du t. ı, Supp., reparaît aux n°s 1595 et 1600 du même volume et appelle une remarque. On y lit : « Sciatis quod nos commendavimus dilecto nostro Petro de Hom...castrum nostrum dictum Castrum Saraceni, in diocesi Aquensi... ; or notons, d'une part, qu'à Saint-Paul-en-Born un lieu existe appelé encore dans le patois local *lou tuc de Houns*, et plus souvent *lou tuc de Houms*, formant un îlot d'environ deux cents grands pas de pourtour situé à la pointe nord-est de l'étang, et que c'est indubitablement là que s'élevait la « maison forte »de Pierre de Hon (ou : Hom) ** ; notons de plus qu'à un quart de lieue et à l'est-sud est de Pontenx on remarque une hauteur qui a nom *lou tuc dous Sarrazins* où l'on est fondé à voir la place du « castrum » confié à la garde de Pierre de Hon ou acheté par lui : c'est une éminence isolée, à une cinquantaine de pas du grand ruisseau, — le Canteloup, — dominant des prairies et des bas-fonds qui ont dû être anciennement des marécages susceptibles apparemment d'être submergés en cas de nécessité).—C'est au Bourguet, je l'ai dit, situé au sud-sud-ouest du champ

* Voy. aussi de Caumont, *Rudim. d'archéol. cir. et mil.*, 299 et s.s.; Enlart, *Man. d'archéol.*, II, 491 et *pass.*; A. Nicolaï, *Les Mais. d'Henry IV*, p. 44 et *pass.* ; Violet-le-Duc, *Ess. sur l'archit. milit. au moy.-âge*, *pass.* ; et surtout Léo Drouyn, *La Guien. mil.*, *pass.*

** La petite île, figurée sur la carte de l'état-major dans ses dernières éditions, manque dans celles de Cassini et de Belleyme.

venir nicher, un vrai petit étang naturel qui souvent suffirait, dit on, à nourrir le maître de *Couale-Manjes* et ses domestiques, tant il abonde en poisson et en sauvagine, presque en toute saison. Sur le bord sud est, à une

---

du petit Ligautenx,[*] et touchant le fief (*lou fiouaou*) de *Caoutche*, là, et rien que là, affirmait-on unanimement, que s'élevait la demeure du maître et seigneur du lieu. J'aurai à revenir plus au long sur le passé de Luē et de Ligautenx dans ma future monographie d'Erbefaverie. Mais je ne puis me dispenser de noter dès à présent une particularité qui s'y rapporte et qui a aussi son intérêt. Dans la partie ouest du plateau du Bourguet confinant au fief de *Caoutche* subsistait, très visible et net encore il y a trente ans — parmi des traces d'anciennes tranchées creusées en sens divers, — mais que rend méconnaissable aujourd'hui l'épais fourré qui, là comme partout, est venu envahir notre sol, un vaste carré marqué par une double élévation de terre en forme de digue se prolongeant du côté sud en une sorte de fer à cheval ou de large entonnoir régulier de pareille hauteur, — avant-cour du manoir peut être, — et qui s'étrécissait brusquement pour former sur la lande rase une levée absolument droite, de quinze pieds de largeur et d'un pied de hauteur bordée de deux fossés, un de chaque côté, tantôt profonds de deux à trois pieds, tantôt presque effacés, mais restant jalonnés par endroits de quelques maigres touffes de saules nains qui trouvaient là un peu de terre humide pour s'y perpétuer chétivement : tout au bout de cette route rectiligne, à deux tiers de lieue au sud, se dressait isolé l'humble petit clocher de bois du village, qui était manifestement le point visé. Sans m'attarder autrement aux conjectures que pouvait suggérer alors l'aspect tour-

[*] On distingue le Petit (*Couale-Manjes*), celui du levant, longé par le chemin qui bifurque, un peu au delà, vers Parentis et vers Ychoux, et le Grand, qui est celui de l'ouest. Il est regrettable que la carte de l'état-major, dans sa première édition, et, à sa suite, celle du Ministère de l'Intérieur, trouvent à propos d'imprimer le contraire.

cinquantaine de pas, une longue colline demi-circulaire dénudée, à pente douce, la contourne, d'où se détache, au sud-ouest, un mamelon de sable de quarante pieds de

---

menté du vieux Bourguet, je dirai seulement que pour tous les anciens du quartier cette longue chaussée, curiosité de la région, était *lou camin dous segnous*, « le chemin des seigneurs », *lou camin dou fort*, « le chemin du fort », sans autre dénomination ; c'est un fait positif que j'ai cent fois recueilli dans la tradition locale.—Ce qu'était en réalité cette famille grand-landaise sur laquelle des textes authentiques viennent de fortune nous apporter ces trop brèves indications, c'est encore le secret du passé, et l'on peut craindre qu'il ne nous le livre jamais plus satisfaisant. Il est oiseux d'ajouter qu'au moment où nous apparaît Gaillard de Lugalteng, en 1255,—voilà sept cents ans bientôt,— son nom ne datait sûrement pas de la veille et devait déjà tenir sa place dans cette partie de notre pays tout au moins. Riche, le détail de ses possessions le montre, de noble extraction au surplus, sa qualification de *miles* le classe dans la chevalerie, quelle pouvait être son existence en ce lieu de solitude et de silence perpétuels, si loin des grands chemins, sans contact régulier avec ses pareils, et où les satisfactions de la table et les douceurs du foyer n'avaient guère de diversions possibles que le plaisir de la chasse au lièvre sur la bruyère, dans la lande infinie ?— Pris tout entier, dès mon adolescence, à la fascination du désert natal, j'ai de bonne heure parcouru et reparcouru Ligautenx, sans cesse attiré par son immense ciel vide, — éternellement béant vers Sintrosse et Parentis, vers Ychoux, Liposthey, Pissos et Commensacq, — bien avant, déjà, que me fût connu le nom de son ancien possesseur ; et là, toujours, depuis lors, parmi les rêveries nées d'un besoin d'isolement quasi maladif dans l'étendue partout plane, me hantait vaguement, — si profonde que m'apparût la différence des conditions, — la pensée du rude soldat, dévoué au roi anglais, qui dans ses chevauchées sur la bruyère, en ce lointain

hauteur semé par places d'un maigre gazon, si raide qu'on n'y monte guère qu'en rampant et qui étonne par son isolement et sa forme régulière (*lou tuc redoun*), au ras

---

passé, avait certainement suivi les chemins que je suivais et peut-être laissé écouler là sa vie, le cœur enchaîné lui aussi par l'atavisme ou l'habitude à cette terre d'espace et de nudité, à l'insecouable sortilège des mêmes magiques horizons....

Je laisse à décider si dans le patois *Bourgueut* il ne faudrait rien voir d'autre qu'un diminutif de *boure*, l'existence ancienne d'une agglomération de maisons rustiques à cet endroit s'attestant par des pierrailles, des débris de tuiles et de poteries que le pic et la charrue y ont fréquemment exhumés jusque et passé la partie centrale, et la plus élevée, du champ de *Couate-Manjes*, ou bien si l'on devrait remonter à une étymologie plus haute, au « burgus » de Végèce, par exemple (enregistré par Du Cange). — Pour ce qui est de « Lugalteng », décomposable peut-être en « lucus » et, sauf erreur, — je n'ai pas Du Cange sous lesyeux, — un dérivé d'« altus ». je me bornerai à noter que dans nombre de mots ayant « lucus » pour premier élément, l'*u* latin se change en *i* dans notre patois: *Liggloun. Licseuy*, p. *Luggloun* («*lucus longus*» ?), *Lucseuy*; *Licaougas, Licbiosse* (souvent *Lubiosse*), p. *Luccougas, Lucliosse*, noms de lieux dans la lande d'Ychoux; et je citerai encore *lioua* p. *luoua* vers Pissos; *irous, ilhaou, ilheute, ignacut, lineutes* etc., p. *urous, ulhaou, ulheute, ugnacut, luneutes*, vers Labouheyre ; *laguioue, lioue, grioue, prioue, bigade*, etc.. p. *laguoue, lioue, gruoue, pruoue, bugade*, dans certains patois au sud de notre Grande-Lande. L'idée m'est même parfois venue que l'étymologie de « Liposthey » (*Lipoustéy, Lipousté*) pourrait être cherchée dans *Lucpousté*, à prendre le mot *pousté* en un sens apparenté à celui du français « postier » ; (et j'ai recueilli un autre mot plus concluant que j'ai le déplaisir de ne plus retrouver dans mes notes au dernier moment). On sait qu'un relais de poste existait autrefois non loin du bourg et au nord de Liposthey.

duquel passent les anciens chemins de Pontenx à Liposthey (*lous camins dou marcat*) ; et en face, au nord-est, à peu de distance de l'eau, ce sont les grands vieux pins du *biredis*, que j'aperçois d'ici, à près de deux heures de chemin, dressés en haute colonnade à claire-voie au dos de leur plateau sablonneux, allongeant leur moelleux ruban bleuâtre sur cette interminable rangée de gigantesques troncs noirs ; la *ségue* bientôt deux fois centenaire, bien connue partout à la ronde, que l'on se montre des quatre ou cinq lointains villages environnants, planant, amincie par l'éloignement, dans l'étendue déserte endormie autour d'elle[1].

---

1. De tout ce qui vient d'être brièvement détaillé ici plus rien, on s'en doute, ne subsiste aujourd'hui qui puisse matériellement en rappeler l'image sous les déformations que la poursuite féroce du rendement maximum fait subir, de tous côtés autour de nous, à notre sol ancestral : disparue, ou devenue méconnaissable, la si curieuse levée qui rayait de son sillon blanc rectiligne le tapis de bruyère rase séparant le quartier et le bourg ; carbonisés par le terrible incendie d'il y a vingt-deux ans les vénérables chênes du Bourguet avec leur impénétrable fouillis de houx où venait puiser à pleines charretées la moitié du village pour le balayage des *pourtuys*, lorque arrivait le printemps ; envahie par les semis récents la petite colline fleurant le serpolet, chère aux brebis, qui si gracieusement ceignait de son cirque dénudé tout le côté sud de la lagune — celle ci défigurée elle-même par la proximité de la végétation nouvelle ; enfin jetés bas sans pitié, voilà des années, les pins géants du *biredis*, ses voisins, qui tant de fois, des générations durant, avaient harmonieu-

Puis, au fond du large espace nu qui s'ouvre là sur l'horizon, — et où se perdent, à plus de deux lieues, mangés par la distance, les premiers quartiers de Parentis, — viennent se dessiner les premiers quartiers d'Ychoux, celui de Harioou d'abord, avec ses énormes chênes noueux, à l'ombre desquels j'ai assisté, voilà cinquante ans, à une noce sans pareille, où l'on banqueta si grassement, trois grands jours entiers, où l'on chanta, fifra et dansa follement tant de nos jolies vieilles rondes (*haout lou pé, les broys gouyates ! hardit, les béres heummes ! é les aoutes damorin pa dairé*), où tant de plai-

sement retenti des intarissables refrains du pâtre et du résinier, alors charme infini de notre vie simple et douce tout entière écoulée dans le libre espace et la solitude. O mes vieux pins tant aimés de la lagune de Ligautenx, rois aériens de la vastité rase, si grands de votre sauvage isolement dans l'étendue déserte, qu'il est loin de moi le jour où, jeune chasseur, m'essayant par amusement à lancer par-dessus vos plus grosses branches une appétissante pomme tirée de mon carnier, elle me fut prestement happée en retombant par une troupe de jeunes coupeuses de bruyère qui eurent tôt fait, quand je la réclamai, de mordre à même à belles dents, m'offrant leurs frais éclats de rire et leurs ébats pour toute compensation ! Adieu, derniers et chers restes de notre pauvre passé landais, dont je ne pouvais m'éloigner dans mes visites habituelles sans me retourner vingt fois vers votre front azuré planant dans l'immensité vide, angoissé de penser, vous jugeant condamnés, que bientôt je serais seul à garder au fond de mon cœur la nostalgie douloureuse de votre idéale vision, de tant de poésie naïve, de primitive étrangeté !

sir et de bonne gaieté landaise se dépensèrent qu'il s'en parlait encore des années après, aux veillées des foyers, aux aires, et sur la bruyère : pour cuire les pièces de viande, force fut d'allumer de grands feux sous les chênes de l' « airial », faute de place à la cuisine (1).

Puis, plus rapprochée sur la bruyère, la *ségue* fourrée de Tuyas, repaire ordinaire des loups, qui, une nuit d'hiver, attirés par l'odeur du chien du foyer, sans doute, réveillèrent l'habitant de l'une des deux maisons (*l'Espareuyt*, de Labouheyre), en venant creuser un trou sous sa porte, d'où il dut les chasser à coups de fusil. — J'aperçois encore d'ici la petite hauteur dénudée où souvent, jeune bergerot, les femmes me faisaient chercher à mi-pente la bruyère épineuse à fleur blanche qui y abondait, — *lou broc tchaoucut, lou broc brus*, dont les fumigations avaient la propriété de guérir les enfants affectés de croûtes au visage, — non loin de ces deux énormes chênes que sur le devant du sauvage petit quartier (mitoyen entre Liposthey et Labouheyre) nous

---

1. J'ai eu moi-même le même singulier spectacle sous les yeux à une noce du quartier de Poursiouguères, en Sabres : près de trois cent cinquante Landais et Landaises,—les serviteurs compris, nous n'étions pas moins,— ne se rassasient pas avec un quartier d'agneau. Une mangerie chez Gamache ! moins cérémonieusement ordonnée, il va sans dire, mais combien plus vivante et plus franchement enjoyée !

voyons posés l'un près de l'autre, antiques jumeaux dont la présence me paraissait étrange alors, en un lieu si désert, avec leurs bras gigantesques tendus droit, étonnement des passants, vers la grand'lande du levant, qu'ils semblaient tenir toujours observée jalousement. La hache, ennemie-née de tout ce qu'a touché la vieillesse, les oubliera-t-elle encore bien longtemps ?

Et au delà, confondues avec la *ségue*, les futaies du bourg de Liposthey, les fameux arbres de « la poste », avec ceux de « la place » et du *Sabbla*, qu'on distingue à plein de tous les villages d'alentour, et sous lesquels le marché jusqu'à nous tant renommé, unique dans le pays, réunissait chaque lundi toute une bruyante foule amenée par les affaires et souvent aussi, à dire vrai, par la curiosité et le désœuvrement [1]; mais de tout cela à quoi bon parler ? C'est le passé aujourd'hui, et personne plus, bientôt, n'aura cure de s'en souvenir.

Puis plus loin, par delà l'immense plaine rase, et masquant les feuillages du bourg de Pissos, apparaissaient ceux des quartiers d'Escoursolle et de Daugnague, ce dernier remarquable surtout par l'exceptionnelle étendue de son champ, visible même pour nous, ceux de

---

1. Voy., sur Liposthey, les *Vx Chants de la Gr.-Lande*, t. I, p. 509, n. 35.

Labouheyre, malgré l'éloignement, — et à la grande surprise des non habitués, — de notre tertre blanc du Begué, là-bas, quand le blé printanier vient comme à présent jeter sa fraîche tache de verdure sur le tapis gris de la bruyère : j'ai même vu le temps (le croira-t-on après moi ?) où du sommet du tertre, — *loutuc sarpouré* qui sent si bon ! — nous prenions plaisir, entre pâtres, à regarder blanchoyer les lointaines maisons des deux quartiers, à près de deux lieues vers le nord, et nommer leurs habitants, à rappeler des faits de leur vie passée, des traits de leur caractère, lorsque les pins de Tuyas, en partie encore à fleur de terre, laissaient libre et nu le levant tout entier de la grande route royale de Bordeaux : le vieux Daugnague ! qu'indique d'ici si nettement et si gracieusement aux yeux la mince colonne de fumée de son *ouléyre* (1), qui se voit du matin au soir pointant en molle envolée dans le grand ciel vide, comme nous le voyons en ce moment.

---

1. C'est notre mot patois correspondant au français « huilerie », souvent détourné dans l'usage administratif local au sens de « distillerie de résine ». — Notons, puisque s'en offre l'occasion, que les « huileries » existant, vers l'année 1800, sur le territoire que couvrait l'ancienne baronnie de Labouheyre, avaient pour possesseurs de Forest, à Salinguet (Bouricos), Ducom, à Gaye (Escource), Méaule, à Patchoc, aujourd'hui Bel-Air (*id*), Lagofun, à Angoulin (*id*), Dourthe, à Médous (Luë), Malichecq, à Baxentes (*id.*) Arnaudin, à Gaillard, (*id.*), Castaignède, au Guidenson (Commensacq).

Puis, dans Commensacq, plus au levant, Cantegrit et son vieux moulinet décrépit, terre des grillons chanteurs autrefois, comme le rappelle le nom ; et, vers la droite, le village et ses autres quartiers, que d'ici je reconnais entre eux à la forme de leurs chênaies, même celui du Guidenson, reculé au loin, qui dans ma jeunesse me fut si familier(1). »

---

1. Le quartier du Guidenson m'arrêtera un instant, en raison d'un événement qui, dit-on, y survint pendant la Révolution, attristant profondément toute cette partie du pays grand-landais. Et ici je puiserai surtout dans ma mémoire ce que j'ai recueilli personnellement de côté et d'autre à ce propos. Bertrand Castaignède, juge de la juridiction de Labouheyre, devenu député du tiers à l'Assemblée constituante, se vit un jour dénoncé comme tiède et peu après, naturellement, porté sur la liste des suspects, ce qui, on le sait, équivalait trop souvent à un inéluctable arrêt de mort. Sentant dès ce moment le danger grandir de plus en plus autour de lui, il se décida à fuir ce milieu de fureur sanguinaire et reprit le chemin de son lointain foyer, pensant y trouver plus de sécurité. Il n'en fut rien ; à peine arrivé, il se vit étroitement surveillé par la police terroriste locale, et un matin trois de ses agents frappèrent brutalement à sa porte, lui dépêchant par un valet l'ordre de venir leur parler incontinent ; non sans peine ses gens se défirent d'eux en prétextant que ses affaires l'avaient appelé à la Teste, d'où il ne devait revenir que dans quelques jours*. Et

* Son fils, Antoine, s'y était marié, le 3 janvier 1790, avec Marie, fille de François-Honoré Peyjehan-Francon, une fort belle et jolie femme, morte à Commensacq à un âge fort avancé, m'ont dit de vieux habitants, aujourd'hui morts eux aussi, qui l'avaient approchée. — Sur la famille Peyjehan Francon — ou de Francon, — d'intéressants renseignements ont été donnés par mon ami Gustave Labat, p. 84 et suiv. de son *Vieux la Teste*.

force lui fut dès ce moment de ne plus se montrer chez lui, de vivre misérablement, un pied dans la mort, déguisé tantôt en berger, sous la grossière pelisse de laine de la profession, tantôt en coupeur de bruyère, couvert de haillons sordides, un mauvais *dalh* ébréché à la main, feignant d'ignorer le français quand les agents le questionnaient, passant ses nuits sous un épais buisson du Taron, — qui était alors un inextricable fourré de chênes, — dans une vieille maie qu'il y avait fait enfoncer à ras de terre, pourvue d'un large couvercle, et où sa nourriture lui était portée du Guidenson avec toutes les précautions et les ruses imaginables. Un mois se passa ainsi sans que rien pût lui faire entrevoir la fin de cet intolérable supplice, la Terreur battant partout son plein et redoublant de rage et de cruauté. Il y avait alors à Commensacq un abject scélérat, surnommé dans le peuple *lou Jantas,* en horreur à tous, dont les vilenies et les lâches méchancetés ne se comptaient plus. Il se glorifiait sans cesse d'avoir fait entièrement réduire en cendres ce que l'église, riche entre toutes, possédait de meubles, de statues, de papiers et de livres, et de n'y avoir laissé debout que les quatre murs tout nus. Un soir, un étranger (un notable habitant de Bordeaux fuyant le tribunal révolutionnaire), vint pour son malheur frapper à la porte du Jantas, lui demandant comme un grand service l'hospitalité pour la nuit ; le hideux coquin l'accueillit gracieusement, le fit manger, lui offrit à coucher, et, dès qu'il le supposa endormi, ayant su lui faire avouer sa situation, courut appeler les limiers de la police qui vinrent en toute hâte tirer le malheureux de son lit et le ramenèrent à Bordeaux où sur-le-champ il était conduit à l'échafaud. Et, l'ayant appris, le Jantas battit publiquement des mains. — A plusieurs reprises, le sinistre gredin avait été vu rôdant autour du Guidenson, et le fait, on le devine, avait dû singulièrement frapper l'esprit de Bertrand Castaignède, déjà hanté de si terribles appréhensions. Un soir, il reparut inopinément au Guidenson, demanda du linge frais, donna quelques ordres et se coucha dans son lit : le lendemain matin il y était trouvé mort ! Sur la table de nuit se voyaient un verre et une cuiller où restaient quelques gouttes d'un liquide verdâtre qu'on jugea être un poison qui lui avait servi pour se débarrasser de cette épouvantable vie..... Et le Jantas fut satisfait ! — Ainsi me parlait entre autres, il y a longtemps, une de mes vieilles voisines, Fillon Dumartin, qui tenait le récit de sa propre belle-mère, originaire de Commensacq, et contemporaine de Bertrand Castaignède, qu'elle avait vu et connu, femme de tout point sérieuse et dont la véracité était hors de soupçon Malgré tout, peut-on assurer qu'en passant d'une bouche à l'autre ce récit fût partout demeuré l'exacte expression de la réalité et que l'imagination populaire n'eût dans aucun détail cédé à sa tendance coutumière à amplifier ou dramatiser les faits que lui fournit la vie locale? Toujours est-il que les descendants actuels de la famille Castaignède me déclarent n'avoir jamais rien su de loin ni de près des tristes circonstances qui auraient précédé et amené la mort de leur ancêtre. Au surplus, M. René Duboscq, apparenté à cette maison et aujourd'hui maire de Commensacq, qui a pris la peine de revoir les actes de l'état civil (de quoi je lui sais gré, ne les ayant moi-même consultés que hâtivement pour cette période), remarque qu'à leur témoignage Bertrand est mort « à huit heures du soir », et c'est là déjà un désaccord sérieux avec la version populaire qui veut qu'on ait constaté sa mort « le matin » seulement. D'autre part encore M. Duboscq m'a fait lire (parmi d'autres papiers curieux au possible pour la petite histoire de notre région), un très intéressant factum de la main d'Antoine Castaignède, fils de Bertrand, et maire de Commensacq après la Révolution, dans lequel, ayant relaté ce qui a trait au malheureux fugitif bordelais que le hideux Jantas livra à la guillotine *, il demeure muet sur la mort de son pro-

---

* Il s'appelait Bernada ; « c'était, — y-est-il dit, — un homme d'un grand mérite, qu'une commission populaire avait député à la Teste pour concilier différents partis qui s'entre-déchiraient, et il y avait parfaitement réussi. Arrêté à Commensacq, il fut sur-le-champ amené devant le directoire des Landes qui le renvoya à Bordeaux où, le jour de son arrivée, sa tête tombait sous le couperet. »

pre père et passe sans transition à d'autres sujets, ce qui, venant après l'appréciation indignée qu'il donne sur l'odieux gredin et sur son acte infâme, a lieu de grandement surprendre, comme l'ajoute judicieusement M. Duboscq, et s'accorde assez mal avec l'impression que laisse dans l'esprit le récit populaire. Quoi qu'il en soit, on inclinerait à penser que, circonstancié comme il l'est, il pourrait, au moins en partie, reposer sur quelque fondement ; vaille que vaille, force m'est de le consigner... Et dire que le Jantas avait partout tant d'émules et que c'est de tels répugnants coquins que les meneurs du terrorisme se plaisaient à tirer leurs atroces inspirations ! Légitime et sacrée en son principe. mais monstrueuse en ses manifestations. la Révolution, ô noble France, en dépit des flots de lumière et de justice qu'elle a si magnifiquement répandus dans l'humanité. a marqué son passage d'une ineffaçable traînée de sang et d'horreur qui pour jamais l'aura ternie et diminuée devant le jugement de l'histoire !

Suivaient dans la bouche du pâtre, sur les autres quartiers du village, des détails de tout ordre que je suis forcé de supprimer à cause de leur longueur, non sans regret, car ce sont encore ici des particularités de notre passé, et je peux dès à présent craindre que le temps ne me soit refusé d'y revenir pour les sauver de l'oubli. C'étaient même, à la suite, les noms des solitaires bergeries disséminées au fond de la grand'lande rase du midi, avec. toujours, quelque bout de vieille tradition familière qui venait intimement s'y rattacher. Entre autres, le parc de Baqueserre (voisin de la séculaire maison aux deux auvents — *les dus estantades,* — l'une au sud, l'autre au nord. qui existe toujours *, à quelques pas de laquelle on exhumait. il y a cinquante ans, un large carrelage excitant la curiosité par la dimension et la régularité anormales pour l'époque et le lieu. des dalles qui le formaient), où se lie le souvenir d'un berger

* La plus rapprochée de là offrant encore aujourd'hui cette rare particularité (mais celle-ci regarde l'est et l'ouest) est celle de Yan-Yanoun, au quartier de Brin, en Sabres, à près de deux lieues de chemin.

magicien, *lou Matale,* qui au moyen d'un cri particulier, effrayant à ouïr, assemblait à son gré les loups de ces parages au pied d'une hauteur voisine. appelée encore aujourd'hui *lou tuc dou Matale,* pour leur donner ses ordres et guérir les estropiés en les oignant d'une composition dont nul que lui ne possédait le secret ; aussi respectaient-ils partout ses propres brebis, qu'il laissait vaguer librement sur la bruyère, en les observant négligemment du haut de son tertre, qu'il ne quittait guère, et autour duquel elles venaient le retrouver d'elles mêmes le soir venu, assis à les attendre.

Plus au midi, le parc de Jiscos, qui lui donnait l'occasion de ce récit attristé : Un berger du quartier du Peyron possédait un beau chien de montagne que faisait aimer et choyer de tous dans le village son ardente haine du loup jointe à son affectueuse douceur pour les enfants ; le soir, l'heure du repas approchant, familièrement dressé contre son maître, il plaignait et geignait doucement, et son souper ainsi obtenu. puis bâclé à la hâte, il prenait sa course et s'en allait, tout à son devoir, monter la garde, la nuit durant, devant le parc de Jiscos, à plus d'une demi-lieue de là, pour ne revenir qu'à l'aube. Un jour, il n'avait pas reparu à l'heure accoutumée ; chaussant ses échasses, le berger partit inquiet, pressentant un malheur ; et ce qu'il aperçut en effet tout d'abord sur le préau du parc, ce furent la dépouille sanglante et le collier ferré du pauvre chien. que les loups avaient attaqué à trois ou quatre, — on le sut après, — pour en avoir raison. Et la porte ouverte aussitôt, un autre spectacle acheva de le terrifier : une soixantaine de brebis, la moitié du troupeau, gisaient sans vie sur la litière ; on en emporta trois grandes charretées au bourg, où très peu de gens osèrent en manger, et il fallut enfouir le reste. (*Praoube Pric ! qu'i tiném tan ! qu'ére ta brabe !* me disait elle aussi, plus tard, la veuve même du berger, la vieille *Mariane dou Halhoun,* une de mes fournisseuses de contes ; *praoube malurouse bésti !* Et ses yeux, à cette pénsée, se mouillaient encore, à trente ans de distance..... Car alors l'originelle bonté de la douce race landaise restait encore intacte au fond de nos

L'ancienne demeure du notaire Dorthe (quartier de Chioule, à Commensacq)

cœurs, où à présent, à leur place, grimacent tous les sentiments d'envie, de haine et d'orgueil démesuré dont, au contact des étrangers et des idées nouvelles, nous sommes maintenant pour jamais infectés.

C'étaient, perdus dans la grande paix de l'étendue plane, les parcs de Bios, du Couyala, du Pradeou, chacun avoisiné par un gros chêne noueux profilé sur le vide de l'horizon ; (un usage assez général voulait anciennement qu'une bergerie -- borde ou parc — possédât ainsi un compagnon de solitude, visible à perte de vue sur la bruyère rase, dont il semblait encore reculer la profondeur). Et plus à l'ouest, les quatre parcs de la Mouleyre, s'espaçant, flanqués tous de leur *oustalét*, sur la légère élévation qui s'allonge là dans la lande nue, la dominant du levant au couchant. (Le nom de «Mouleyre» doit-il faire supposer qu'un moulin à vent a autrefois fait tourner ses ailes sur le plateau découvert où restent encore trois des parcs en question ? Je le crois ; j'y ai longtemps remarqué de vagues traces de limites, aujourd'hui effacées, qui me donnaient toujours l'idée qu'elles en marquaient l'emplacement).

Et ici doivent également figurer quelques détails dont je puise l'essentiel dans les notes sur Commensacq laissées par feu l'abbé Dumartin, qui fut curé du lieu. En 1600, la paroisse comptait deux quartiers de plus qu'aujourd'hui, Bios et le Couyala, qui ont disparu. En 1666, il y avait au quartier de Bios un notaire royal dont la présence au cœur de cette immensité désolée constitue aujourd'hui pour nous un sujet d'étonnement, maître Pierre de Lagreaulet, décédé le 11 novembre de ladite année 1666, qui fut enterré dans le cimetière de l'église Saint-Martin, tandis que deux mois plus tôt, le 27 septembre, mourait au quartier de Chioule, en sa maison (qui est encore debout), Jean Dorthe, autre notaire royal, « enseveli dans l'église, Mr son frère le prêtre ayant promis (par avance, conséquemment, la mort de son frère étant survenue le 7 avril 1649), quinze louis pour ladite sépulture ». Longtemps avant de connaître l'existense de ces notes j'avais relevé, non à l'endroit même qui porte maintenant le nom de Bios, mais à quelques centaines de pas en deçà, dans la partie nord-est de l'ancienne *ségue* de *Pou-chiou*, abattue il y a quelques années, les restes d'un « fos-sé-levé » sur lequel s'obstinait à vivre, à côté d'un petit tas de pierrailles, un pauvre vieux tauzin rabougri qui pouvait marquer la place où s'était passée l'existence du tabellion, peu fortuné sans doute, relégué au désert, — *lou noutari de les oulhes,* pourrait-on dire. J'ajouterai pour finir que M. Aurélien Castaignède, alors maire de Commensacq, de qui je le tiens, avait un jour reçu d'une famille étrangère au pays, se déclarant apparentée à Pierre de Lagreaulet, une lettre où on lui demandait si à sa connaissance le notaire de Bios avait laissé une des-cendance et ce qu'elle était devenue.

C'était ensuite, plus au couchant encore, — rappro-chée du front vert des pins de *Betout* et dressée sur la hauteur aride d'où s'apercevaient si curieusement au fin fond, vers le Born, les dunes dénudées de la mer, — la borde de *Jan-Haou,* noire de vétusté, elle aussi accompagnée de son vieux chêne et de son oustalet de pierre brune, groupe d'une indicible étrangeté qui à la tombée du soir prenait un aspect réellement fantastique, détaché net en plein vide, comme il l'était, si loin des lieux habités, avec tant d'esseulement et d'inquiétant silence autour. — (Nul recoin de notre sauvage terre n'avait pour moi plus d'attrait que celui-là pour sa poésie désertique, et c'est lui qui le premier m'inspira l'idée d'apprendre à « imager » les choses de notre ancienne lande conservant des restes de leur physionomie primi-tive ; mais le recueil que j'ai eu tant de mal à former ne contiendra point, s'il voit jamais le jour, l' « image » de *Jan-Haou :* borde et oustalet jonchaient tous deux le sol, laissant leur chêne tristement solitaire, quand j'eus à peu près terminé l'apprentissage, encore si pénible et décou-rageant, sans maître ni manuels, à ce moment).

Enfin, non loin de là, sur la lande de Labouheyre, la borde de Cabardos, que nous voyions à plein de l'émote, caduque et délabrée comme l'autre, — avec, pour voisi-ne, sa spatieuse lagune, dont les jolis brochets dorés amenaient coutumièrement vers elle tous les pêcheurs du village friands de poisson fin. Et le vieux berger rap-

Le marais des *Sangluroous* (lande de Commensacq)

pelait en passant cette particularité locale qui vaut d'ê-
tre notée et que déjà je connaissais d'ailleurs fort bien :
tandis que les brochets de Cabardos tirent sur le roux
vif, ils sont noirs dans les lagunes de l'*Aygue-loungue* et
des *Sangluroous*, — *peuch de hagne*, comme on disait un
peu dédaigneusement, — argentés sur le sable blanc de
celle de la *Garane*, tout bleus dans celles de *Bise* et de
la *Pichoulate*.

Sur quoi, familier à ces lieux pour y avoir « gardé »
tout jeunet, il venait aux gros oiseaux peuplant la vaste
Mouleyre, tant ceux de la partie basse et marécageuse,
canards, vanneaux et courlis, dont les œufs savoureux
et les petits étaient l'obsédante tentation des « bergerots » dans leur rien-faire habituel, que ceux de la lande
sèche contiguë, patrie naturelle de la canepetière et de
l'œdicnème, *lou guit-peteun* et *le trote*, qui passaient leur
vie vagabonde à arpenter les vagues sentiers de sable
tracés par les brebis sur la *rase* sans fin ; la première si
farouche que, venu le moment de la ponte, les femelles
disparaissaient toutes subitement de l'aride surface,
retirées sans doute aux parties les moins fréquentées du
désert, pour ne reparaître qu'en août, suivies de leurs
jeunes couvées : trouver un nid de canepetières était
une chance rare passant volontiers dans la croyance populaire pour une chose interdite à l'homme, *nou' caouse
de nou-poudeu*, tant elles y employaient de ruse et d'artifice ; (pour mon compte, malgré d'obstinées recherches
recommencées pendant des années et poussées jusqu'à
l'acquisition d'une lunette d'approche, je n'ai jamais pu
en découvrir qu'un, caché dans une petite touffe de
brande, et encore m'avait-il fallu demander assistance à
un vieux vacher voisin pour y réussir). — Et revenant
pour finir aux hôtes de la région marécageuse, il parlait
des mugissements du butor, — *lou bram*, — épouvante
des jeunes pâtres que la garde de leurs troupeaux rete-
nait les nuits de printemps et d'été autour des *Sangluroous* et du *Gran-Crot de Betout*. (Une excursion à cheval
m'ayant un soir attardé par là plus longtemps que de
raison, je faillis payer cher mes goûts d'isolement dans
des lieux aussi déserts : un beuglement effroyable, parti

Puis, à près de deux lieues de nous, venaient dans sa description le Magnan, Marquèze, le Iliou, Roljès, — au voisinage desquels se prennent les goujons délicieux de la Léyre, — recoins écartés du couchant de Sabres, marqués pour nous par deux bouquets de grands vieux pins juchés sur les côteaux bordant la petite rivière et qui d'ici jettent leur confuse tache bleue sur le bleu pius pâle du ciel.....» — Un intéressant souvenir personnel arrêtait ici le pâtre assez longuement. On sait qu'autrefois, le lendemain de la Pentecôte, toute une bruyante multitude se rendait en pèlerinage, à la suite du curé de Sabres, à la fontaine de saint Loup, située à cent cinquante pas au couchant du pont de bois où vient tomber le chemin de Sabres à Labouheyre par Marquèze : c'est un petit trou d'eau trouble de deux pieds carrés d'ouverture, au pied d'une butte de sable alors d'une éclatante blancheur, entièrement nue et en pente raide (1),

____

tout d'un coup du bord de l'eau ayant fait violemment bondir ma bête de côté, je vidai vilainement la selle et chus le cul sur une couche drue et piquante d'ajoncs nains, sans autre dommage corporel d'ailleurs. Le bramement du butor dans les marais, déchirant subitement le profond silence nocturne, était une des étrangetés de notre lande d'autrefois, terre, entre toutes, des grandes étrangetés, on ne peut trop le répéter.)

1. « *Que beudi blureya le Bouhéyre* » était autrefois le cri joyeux des Sabrins se rendant à notre foire, quand,

Le pont de Saint-Loup, sur la Leyre (Sabres)

dont, sous peine de perdre le bénéfice spirituel du voya-
ge, il fallait gravir neuf fois d'une haleine les soixante
pieds séparant la source de la crête, sans oublier à la fin
de glisser une obole dans le tronc planté à côté du creux
à cet effet ; hommes et femmes, jeunes et vieux, y
affluaient par bandes, de proche et de loin, de Tauziet à
portes fermées, naturellement, comme des Garrieux, de
Brin, de Poursiouguères, de tous les coins de Sabres :
et il en venait de Trensacq, de Pissos, de Labouheyre,
de Commensacq, même de Luglon et d'Escource, en
« bros », à cheval, à pied, sur les échasses, même de
Morcenx, à travers lande ; et, en plein désert, là où ré-
gnaient habituellement la solitude et le profond silence,
c'étaient, pendant quelques heures, une agitation et un
brouhaha de foire, un peu le pendant des pèlerinages de
Mons et de Bouricos, car outre le pain, du jambon, des

---

de cette élévation, ils découvraient au fin fond, pointant
au ras du sol, par delà les vieilles *séques* à peine plus
hautes de *Betout*, du *Pioou-Blanc* et de la *Garane*, les
six vieux peupliers géants de la maison noble de Pic de
Blais, au centre du bourg. — La butte de saint Loup
était, au couchant de la Leyre, l'un des points d'où
l'œil embrassait dans toute sa majestueuse et impres-
sionnante nudité l'incommensurable désert de bruyère
rase où se perdaient les villages d'Arjuzanx, Onesse,
Escource, Labouheyre, Commensacq, Pissos, pour ne
nommer que les moins éloignés dans le vide sans limite
déroulé devant lui.

« miches » en abondance, on n'y apportait pas moins de deux barriques de vin, parfois davantage, trop peu le plus souvent, mais on aimait mieux en manquer que de voir en remporter au village. Un amusement assez curieux, particulier au lieu et à la circonstance et qui y était de temps immémorial en usage, consistait en rapides glissades du haut en bas du tertre sur le sable fin et mouvant, à ce point goûtées des jeunes filles que pour presque toutes, à dire vrai, ce jeu était la principale raison qui les attirait là : assises, quelquefois même étendues, sur cette couche blanche et moelleuse, le bord de leurs vêtements empaqueté entre le bas de leurs jambes, elles abandonnaient une cheville à l'un des jeunes gens présents, de leurs familiers ordinairement, qui d'emblée entraînait sa partenaire au galop par la jolie pente argentée, sans trop s'inquiéter pour elle, — jeunesse est aventureuse, — des avaries de route, pourtant très fréquentes, et des désordres de toilette qui pouvaient s'ensuivre, parfois considérables : fermait les yeux qui pouvait...(1)

٭

Et passant ensuite à la partie opposée de notre lande, que nous masquaient par places les hauteurs et les ar-

---

1. « *Un cop*, ajoutait le pâtre (mais ici je substituerai librement vaille que vaille mon propre patois au sien,

bres du sud du village, c'étaient d'abord, vers *May-de-Brout*, à près d'une lieue et demie de nous, où naissent les interminables marécages sabrins (aux détails fournis par le pâtre je joindrai encore ici, çà et là, ceux que je tire de mes propres souvenirs), le groupe bien connu

---

ayant beaucoup connu Tanot, dont il va parler, et de qui je tiens le même récit), qu'éri anat a Sen-Loup dap lou praoube Tanot de Mano (daouan Diou si !) Qu'aouém bint ans tout dus ; amics coum perotes, é hoous per sét cops ; eut que s'ére hicat a ha draba 'ou' gouyate de sou tuc, le Linoun de Taoulade; (qu'ic puch dise adare, soun debat térre tout dus : qu'ére le sou amigue, de nou-sabut); é qu'i' aoué, aqui sou sim dou pioou, un gart de gouyatréous dou hoüns de Cournalis, tout espampals, tout goudeslats de glori, pécs aou hart ; s'abiséren pa doun de souga 'n pugn de sabble aous oueulhs a le Linoun, ataou coum lou Tanot prené le cousse, dap eure aou darré ! (se jita sabble aous oueulhs, sou tuc de Sen-Loup, qu'ére nou' ansiéne uzanse ataou, per horts qu'i gn' aoué, uncouére aco que biréssi maou, mantun cop); eut, chét maggla, que countunét de courre, mé taleou en bas qu'embiye le sou Linoun se laoua lous oueulhs a l'Euyre, é biste que tourne puya. (Praoube Linoun de Taoulade ! nou' ta bére é broy' done ! Tan aymade et irouse ! E a dise-oueuyt ans, un cop de maou solébit : plegade é aou taouue ! a le hotche ! Caou tristé ! Un ta plasén arride é un ta dous canta ! So qu'ém nouxatis su' le térre, moun Diou !...) Aquit guilherans qu'éren uncouére sou tuc, un pleuc de mouqueri sous pots, é l'un li larguét pa doun nou' paraoule un tchic léde ! O ! labeuts, ma' jéns, calcul parla de 'quit' sin xos ! — qu'ére oualhart coum un taoure, dreut coum un pin, s'en i parléoue pertout a l'entourn, — te me gahe aqueut hasanot, te m'oou sogue en treus pleues un gran tros lugn. Lous aouts, hoous! me li courren decap touts en cusse. A ! mounnomes ! caou pa!acade ! aqui trues, lou moun Tanot, aqui cops é pous t'ambrades aou barreuy de 'queure bapourilhe ; nou' hupide

des Quatre-Chênes, — *lous Ccualc-Carsis*, — au pied de
la Serre-des-Prades (1), esseulé sur l'infinie bruyère,
souvent choisi autrefois (lorsqu'on ne préférait pas par-
tir de notre noir Tuyas, là-bas), pour les grandes battues
au loup, divertissement landais entre tous populaire

---

en d'un : « Tourne-t'en a le clouque ! » nou' premude en
d'ugnaout : « M'escusis pa' le tou may ! » E tout truc
quilhe ; i bedén pa que brume. Se brull.éouen, boudiguéouen,
qui 'nsa, qui 'nta, le san que couléoue é tout ! E le jén, a
l'entourn, s'escoumpichéouen d'arride ! Jamé bis héste
ataou ! E its, taléou en bas, s'arrecapta de caouque mode,
coum poudén, é ha luts tissa tila, hure hure hure : en biren
pa mé nat. Per n.alure per jou, gn'aouout un, en toum-
bans, se m'ére entraoulhat a l'entourn d'nou' came, m'aoué
chalebirat dap cut de pintes en l'ért, calouri ha lou biatje en
'queure coumpani, de bénte en haout é lou cap en bas, coum
its ! Eus bieun com disen :

> *Lou qui' a pa coueuntes aqui oun ba*
> *Mantun cop s'en i ba serca. »*

1. « La Serre » (sinon « Les Prades ») est le nom qui
aurait tout naturellement dû rester au petit village créé
par Napoléon III dans les landes voisines de ce lieu en
1863. C'est en toute justice qu'une des rues de la capitale,
et d'autres grandes villes ont suivi l'exemple (que n'a-t-
on même choisi des artères de plus de renom ?) porte le
nom de Solférino, en mémoire de notre victoire sur les
Autrichiens en 1859 où douze mille des nôtres furent
mis hors de combat. Mais en revêtir par surcroît cette
humble bourgade nouvelle venue qui était loin de pré-
tendre à quoi que ce soit de remarquable, ce fut beaucoup
plus napoléonien que national, et cette page de notre
histoire militaire n'en pouvait être rehaussée. Aussi
peut-on espérer que la vieille appellation landaise, le bon
sens et ces considérations aidant, reprendra quelque jour
les droits incontestables que lui donne son lointain passé.

qui, à l'heure annoncée, mettait en émoi toute une partie du pays, et dont la défense des troupeaux répandus sur nos bruyères faisait d'ailleurs assez fréquemment une impérieuse nécessité (1).

Puis en remontant vers le sud-est, à une lieue plus haut, les bouquets de chêne du lointain Tauziet, vagues silhouettes grisâtres, si menues et isolées sur l'immense étendue déserte ; après quoi c'est l'énorme morceau de ciel absolument vide où se perd invisible le reculé Cornalis, la terre plane, sans fond, dont la vue positivement fait peur, où plus rien n'émerge sur le pourtour de

---

1. Par les nuits d'été, anciennement, c'était une pratique habituelle des pâtres d'allumer des feux çà et là et surtout de battre à chaque instant le briquet pour effrayer les loups rôdant sur la lande rase, qui offrait à ces moments un étrange et prestigieux tableau. *Hadén tchista les escalitches dinqua térre : sembléoue esta'où gran' pluye d'esteules a tout born, sou rotin d'ou séou. A ! caou bére é 'smiragglante caousé a beude ére p'aco, d'àous cops, moun Diou !* — Je suis malheureusement forcé d'ajouter que les personnes elles-mêmes, les enfants à tout le moins, n'étaient pas toujours à l'abri des attaques des loups. Un jour, un petit garçon et sa jeune sœur ayant disparu dans la lande entre Pissos et Sore, leur père se mit à leur recherche et finit par découvrir leurs pauvres ossements, le lendemain, épars au pied d'un gros ajonc. Par un loup encore, pour ne citer que cet autre cas, sur la lande de Cornalis, au bord de la lagune de *Liyoune*, où l'on m'a montré la place, fut dévorée vive une malheureuse fillette de douze ans dont on ne retrouva qu'un bras abandonné par la malebête sur la bruyère ensanglantée.

la vastité béante ; le « grand désert » comme nous l'appelions entre bergers et chasseurs, sans chemins ou peu s'en faut, car de chez nous on ne pousse guère avant dans cette direction où règne l'inconnu (1). Et sûrement il n'y a guère de points par la lande d'où l'on puisse mieux admirer le merveilleux spectacle qui vient la transfigurer à certains moments : c'est, un beau matin, surgie comme par enchantement d'un ciel pur du moindre nuage, la chaîne pyrénéenne tout entière idéalement détaillée de Perpignan à Fontarabie, (sans parler des vagues formes bleuâtres qui s'estompent à la suite, en fuite vers Bilbao ou plus loin par delà) : où il n'y avait rien la veille au soir sur le fond clair de l'horizon, subitement, dépaysant complètement le regard, en fine miniature s'est posée la montagne, avec le féerique resplendissement au beau soleil de ses neiges d'argent, avec toutes ses douces magnificences de lumière et de couleur singulièrement avivées et mises en saillie par l'immensité de l'aire rase ambiante, avec surtout l'extraordinaire et presque pesante sensation de proximité dont on est saisi physiquement, la première fois, à la vue de l'inat-

---

1. Entre Morcenx et Labouheyre, alors, aucun chemin bien frayé, nulles habitudes d'affaires en dehors de nos foires, nulles relations de famille, jamais un mariage. On s'ignorait en quelque sorte d'un côté à l'autre.

tendu tableau : on ne saurait sans l'avoir eu devant soi
s'en faire la plus faible idée, et un étranger tombé sans
avertissement en présence de cette lourde muraille d'un
bleu sombre allongée à cette place habituellement nue
jurerait qu'une demi-lieue à peine le sépare de sa base [1].

---

1. J'ai cent fois pour mon compte constaté le prestigieux phénomène, et toujours la notion que j'avais de
l'énorme éloignement réel de la chaîne me laissait stupé-
fait d'une pareille illusion d'optique ; je peux ajouter
que les bergerots de la lande étaient quelquefois lents à
la croire possible et à s'y familiariser eux-mêmes.
— « J'ai connu un vacher montagnard, me disait le
vieil échassier, qui m'a souvent montré en souriant,
mais les yeux mouillés un peu tout de même, en
me la décrivant, la vallée où il était né, où vivaient les
siens, tout ce qu'il avait de cher sur terre, dont il était
si loin ; et en plaisantant, dans son patois béarnais, que
je ne suis plus bien sûr de me rappeler exactement, il
ajoutait : *Couan siyi tournat a nousté, qué sioularéy, dou
soum dé' quère mountagne lahore, lou méy béroy dous bos
érts dé rounde, é qué mé respounérat dap lou boste pifre ;
selemén que pouyram bouha hort é ha dé bét siouléts tout dus
pourmou né séram pas méy proche é proche, coum ém
ouéy...* » — Mais laissons le badinage. Un fait qui par
sa singularité peut trouver place à côté de celui que
je viens de noter m'a été récemment rapporté par un de
mes voisins, M. Ip., en ces termes : « Au séminaire de
Larressore, où nous étions cent cinquante élèves ou
plus, l'usage était de nous mener faire une gaîe dînette,
une fois par an, quand venaient les vacances, tout au
haut du Mondarrain, —près d'Itsatsou et d'Espelette,—
sur le petit plateau qui le termine. C'était en 1843, au
mois d'août, par une journée d'aveuglant soleil. Le repas
fini, jetant les yeux vers le nord dans l'espace démesuré
qui s'ouvrait devant moi, j'eus l'idée d'emprunter une
lunette à un autre élève, et presque aussitôt un cri de

Puis, vers le sud-ouest, dans Escource, c'est Capde-pins, sur le grand chemin que suivaient jadis en psalmodiant pieusement dans leur marche leurs interminables cantiques, les pèlerins de Saint Jacques-de-Compostelle, *(lous senjaqués, lous senjacayres),* comme on les appelait.....

---

surprise m'échappa : « Je vois le bassin d'Arcachon !... Je vois Saint Michel de Bordeaux !.. » De bruyants éclats de rire me répondirent. Je protestai avec force ; je connaissais les lieux. Sans cesser de rire, tous les possesseurs de lunettes, les professeurs les premiers, braquèrent machinalement leurs instruments sur les points indiqués, et bientôt, l'un après l'autre, ils faisaient de grands bras, tout ébahis ; c'était à qui m'approuverait : par delà l'océan de la bruyère landaise alors vide à l'infini, se profilait devant leur verres la fineaiguille du monument bordelais et brillait à gauche dans l'ardente lumière la tache argentée du bassin que piquaient de minuscules points mouvants les blanches voiles de ses bateaux. On n'en revenait pas ; tous les élèves voulurent passer devant les verres, et je fus un moment le roi de la fête... » — On sait que sur une plaine unie la courbure de la terre limite la vue humaine à une distance de 13 à 14 kilomètres, — les savants varient sur l'évaluation, — mais du Mondarrain, dont l'altitude approche de 2,500 pieds, la visibilité des objets éloignés, il est oiseux de l'ajouter, doit accroître considérablement. (Frappée par la foudre en 1574 et en 1689, puis décapitée et raccourcie de 72 pieds par un ouragan en 1768, au rapport de Bernadau, la célèbre flèche a été rétablie en 1865 : elle mesure aujourd'hui 107 m. 30 sans la croix). Pour rendre le fait acceptable aux sceptiques, faut-il appeler à l'aide la possibilité de quelque phénomène de réverbération dû à la température tropicale qui régnait ce jour-là ? je ne sais ; au surplus, s'il se trouvait des incrédules, je ne pourrais que les renvoyer à M. Ip., qui y voit toujours fort clair et porte jeunement ses quatre-vingt-onze ans[*].

D'autres singularités atmosphériques que je regrette de ne pouvoir décrire toutes à cette place, — j'y reviendrai plus tard, je l'espère, — se produisaient plus fréquentes et variées qu'ailleurs dans notre lande partout plane et vide d'autrefois. C'étaient, pour parler d'abord du cas le plus ordinaire, les ardentes vibrations de la lumière sur les toits des bergeries disséminées au clair soleil dans l'étendue déserte : « *lou diábble qué jingue sous parcs* » était une locution des pâtres, passée en proverbe, peignant sous une forme plaisante ce rapide tremblottement de l'air surchauffé qui était pour eux la grâce et la gaieté, le sourire familier des grands espaces nus où s'écoulait leur vie d'isolement. — Parfois, chose autrement curieuse, rare d'ailleurs, présageant toujours un prochain changement de temps, c'étaient l'apparition simultanée de trois soleils, rapprochés l'un de l'autre sur une même ligne droite, — deux faux soleils, « *dus sous saoubatjes* », entourant le soleil vrai, — simple cas de parhélie bien connu, mais qui en nul autre pays ne se présentait plus net et plus complet, en raison de l'horizontalité absolue et de la nudité de notre sol. — Mais une anomalie qui excitait plus d'étonnement, c'était, par un jour calme et doux de printemps ou d'automne de voir tout d'un coup, sans que l'état du ciel eût rien fait pressentir de semblable, les parcs et les bordes, au loin et auprès, se mettre à grandir et grandir graduellement sur l'horizon jusqu'à dépasser la hauteur des pins les plus élevés, puis demeurer tels un moment, de cinq à dix minutes, pour décroître ensuite insensiblement et revenir à leur taille réelle : « *Té ! lous parcs se mirallhen !* », (les parcs se regardent au miroir) disaient entre eux les pâtres émerveillés, qui seuls pouvaient trouver pour peindre le surprenant phénomène une expression à la fois si simple et si naïvement imagée. —

[*] Ce qui était vrai au moment où s'imprimaient ces lignes ne l'est malheureusement plus aujourd'hui : M. Ip. est décédé récemment. Mais je ne suis pas le seul à qui il ait raconté le fait, l'affirmant à tous avec la même énergique conviction.

Puis, en pleine grande lande toujours, dominant au loin l'espace désert, l'ormeau penché de Saint-Antoine (laissé tel par un ouragan et, depuis, servant d'échelier aux pâtres quand ils perdaient de vue leur troupeau sur la bruyère), au pied duquel, selon la coutume ancienne, les jeunes maris devaient aller donner un coup de bêche

---

« *I' a caouques ansiéns aoulhés que tournen sou broc* », disaient-ils aussi d'habitude, — qu'on m'excuse de m'arrêter à un fait que je suis peut-être mal fondé à rapprocher de ceux qui précèdent, — quand, subitement, dans le profond silence de la lande, des voix humaines, distinctes ou chuchotantes, venaient frapper l'arrière des bergeries esseulées sur la bruyère sans que la moindre silhouette, le moindre signe de vie fût nulle part perceptible sur l'éternelle nappe rase de tous côtés déroulée sous leur regard [*] ; (comme ils disaient encore, en manière de badinage : « *Lou boun Diou que héy pan* », lorsque, par une nuit sereine d'été, la pleine lune posait son immense face ronde sur le bord vide du désert : de tous les spectacles qui émerveillèrent ma vie quasi sauvage de landais follement possédé, sens et cœur, par l'infinie poésie de notre bruyère des temps abolis, aucun ne me troubla plus puissamment que celui-là quand au fin fond de la plane et solitaire Mouleyre, je l'eus sous les yeux pour la première fois : brusquement, tout un grand coin de l'horizon sembla s'enflammer, envahi par une large lueur d'incendie que d'abord je pris pour un feu de bergers allumé à l'extrême éloignement ; mais, prenant forme aussitôt, l'astre surgit de dessous terre, boule énorme, colossale, invraisemblable, arrêtée quelques secondes au passage, eût-on dit, dans sa course libre sur la bruyère, inimaginable et prestigieux tableau emplissant tout de

[*] Sur les phénomènes visuels et auditifs, constatés en nombre de lieux dès l'antiquité, M. Lefébure a publié dans *Mélusine*, t. x, col. 25 et 49, deux longs et substantiels articles qu'on lira avec intérêt et profit.

et déterrer un bout de racine s'ils voulaient recouvrer leurs forces épuisées par leur état nouveau; le colossal ormeau qu'avoisinaient les restes d'une antique petite chapelle (*oun i'aoué hort de bère harde*, disaient les aïeules), devenu humblement, une fois abandonnée, *le glisi dous loups* dans le langage populaire, tant sa présence semblait singulière en un lieu si écarté (1).

---

son étrange splendeur, le plus grandiose, le plus impressionnant qui pût être offert aux regards de l'homme en pareil lieu ; puis, le formidable globe rouge perdant contact avec le sol et à l'instant réduit de moitié, ce fut sa lente ascension dans le silence majestueux de la vastité sans borne d'où seuls arrivaient, à peine perceptibles, les vagues murmures de la vie pastorale, — jusqu'à nous demeurée si primitive, — bélements assourdis de troupeaux, tintements de clochettes reculés dans l'étendue noire, menus jappements indistincts mêlés aux voix blanches et sans écho des pâtres singulièrement affaiblies elles-mêmes par la distance, perdues aux dernières profondeurs..... Mais qui décrirait les nuits d'été de notre lande ancienne, les nuits du désert l incroyablement belles sous le grand ciel nu. flamboyant d'étoiles du haut de la voûte au ras du sol, avec tout ce qui y était répandu de troublant et solennel mystère, tout ce qui faisait de l'antique solitude la terre des inextinguibles rêves et des fantastiques visions ?)

1. *Lou moun pay*, me disait mon vieux conteur, *qu'aoué ouardat, uncouére joueunas, su' quires lanes de mijourn. Un cop, un bèsoc de dibés sun, coum ère l'u-zanse, un gart de gouyates eslandrides de Cantore é de Juleut, — le Niniou de Marioulan, que n'ère noue, — se l'aouén miat, en houleyans, a les houns de Sent-Antoni, é, en s'en tournans, calouren coum lle juste ha 'n estangueut a le vapére : les couales murres nudes, lou carre-*

latje, é le clouchote, — l'esquire, coum disén pr'arride, — qu'ére tout so qu'i damouréoue, chét mé nat quite tros de leuyt. Se dit le Niniou, toutjamé 'slurrade : « Suy man- tun cop entrade assi, dap d'aoutes cabiholes coum jou ; que preném tan de plesi a dansa nou' roundote ou duoues su' quires broys adrilhes ! Tout qu'i ternioue !..... Bam beude se ternis uncouére ! » E se hique a luoua 'n bérs, dous mé bieulhs doun sabé ; nat ne poudé toumba meulhe :

> *« Lahore aou houn' de le lane*
> *I 'a 'ou' glisote chét d'aouta...* *

Qui boou dansa ? » E baqui detire nou' rounde dressade, aou truc de l'esclop, a. les. cantes, le Niniou aou cap. Mé les-i manquéoue un soum ; que ha ? tout de cop, chét dide bire, aqueut escampich de done qu'arrezinne aco é que cou se méte a ha tranga le praoube esquire abandounade, din dan dan ! din dan dan ! (coum hadén schoueun lous aoulherots de per 'qui aoutourn, é coum s'an ouardat l'a- grilh de ha tan qu'eus damourade aqui 'n pindan). Vou' galhére despariade ! Le soumbruste qu'anéoue bi, s'i hadén uncouére a canta, dansa i'arride. Calout pourtan ne feni 'n cop : desgampéren a gran joc de pés, coudelicoude, rouyes coum cardinals ; m'eslentéoui per les segui. Bét téms estat, oun t'en és-tu anat !.... » — Pauvre église de Saint-Antoine ! (je reviens au français, par égard pour ceux que tant de patois lasserait). Il te fallait vieillir et tomber ainsi en ruines, pour servir aux ébats de quelques têtes folles qui venaient t'assour- dir de cris de joie et de chansons d'amour où jamais n'avaient résonné que les chants sacrés des prêtres et des paroles de dévotion ! Pauvre églisette ! maintenant tu n'es plus debout ; de ceux dont les yeux t'ont vue, plus un seul n'est vivant ; à peine montre-t-on la place que tu occupais autrefois ; cependant, où tu étais, il se voit et s'entend toujours, dit-on, beaucoup de choses étranges : ta gaie petite cloche s'en est allée, elle aussi, et néanmoins le jour de saint Antoine, de mê-

* Voy. le t. I des Vx Chants de la Gr.-Lande, p. 369.

me qu'aux grandes fêtes, certains prétendent l'avoir
entendue sonner clair — comme elle a si longtemps
sonné — dans la lande toute surprise et réjouie.
Encore aujourd'hui, quand la nuit tombe, beaucoup
hésitent à se hasarder de ce côté : au clair de lune,
on croit voir de vagues ombres s'agiter de part et
d'autre, s'approcher du marcheur jusqu'à le frôler,
et sé pencher sous son visage comme pour chercher
à le reconnaître, puis s'éloigner et s'évanouir à quelques pas dans un buisson. « Dieu est grand,
aimaient à dire nos anciens. Dans ce qui se passe entre
terre et ciel, tout n'est pas connu de l'homme..... » —
Plus d'un, autour de moi, du moins parmi les jeunes, —
maintenant fermés pour la plupart à tout ce qui faisait
le charme et la naïve poésie de nos croyances ancestrales,
et qui n'ont plus, dans leur imbécile vanité, je le répé-
terai souvent, que des mots de grossière moquerie pour
la pauvre terre natale, jugera que je m'attarde par trop
complaisamment à des détails négligeables, d'ailleurs fort
étrangers, j'en conviens, au fait particulier qui m'a four-
ni le sujet de ces pages et qui aurait dû tenir en quelques lignes. Mais ceci est bien landais, pourtant. Et quel
ques uns demeurent, je pense, — des vieux, des très vieux,
non atteints par le nouvel esprit de modernisme et d'exo-
tisme parmi nous plus qu'ailleurs régnant, — encore prêts
à écouter sans déplaisir ces menues réminiscences de
notre vie passée qui, avec tant d'autres, vont de plus en
plus vite et pour jamais s'éteignant.

Sur la commanderie de Saint-Antoine des Traver-
ses, qui appartenait au Grand-Prieuré de Toulouse,
et dont la chapelle possédait trois autels, si modestes que fussent ses dimensions, — environ six
grands pas de long sur dix de large, m'ont dit des
vieillards, morts aujourd'hui, qui avaient eu la curiosité de mesurer l'emplacement, — voy. le travail très
intéressant publié par l'abbé Départ dans le *Bull. de
Borda* de 1894, p. 277*, comblant une lacune de notre pe-

---

* Il commet seulement une légère erreur en plaçant à Saint-Antoine, faute d'y être allé voir, les fontaines guérisseuses, situées à un
tiers de lieue plus au sud, le long du ruisselet de Capdepins.

tite histoire locale ; car cette commanderie n'est men-
tionnée ni dans l'*Hist. de la Grande-Saure*, de l'abbé Ci-
rot de la Ville, qui avait là une occasion naturelle, bien
qu'indirecte, de la signaler, s'il la connaissait, dans son
énumération des hôpitaux bordant ou avoisinant les
chemins de Saint-Jacques (p. 510 de son tome I); ni dans
les *Var. bordelaises* de l'abbé Baurein, bien qu'il eût pu
en toucher un mot, ayant personnellement administré
une de nos commanderies landaises, celle de Leych, en
St-Paul-en-Born (*alias* St-Paul de-Frontignacq-en-B.) ;
ni dans l'étude de Bladé sur les *Ordres relig. et milit. de
la Gascogne*, publiée dans la *Rev. de Gascogne* de 1877, p.
315 ; ni même dans l'*Hist. du Grand-Prieuré de Toulouse*
d'Ant. du Bourg, qui passe pour complète cependant.

Je laisserai là pour aujourd'hui, me réservant d'y revenir assez longuement plus tard, si possible, ce qui a
trait à Saint-Antoine *, pour noter qu'une autre commanderie dépendant du même ordre (celle-là citée en passant
par du Bourg, p. 433), existait à Morcenx, au quartier de
Cornalis, à cent cinquante grands pas à l'ouest du champ
de Commanday et du Blasiot où, il y a une trentaine
d'années, m'a été montré par les habitants le lieu où
était la chapelle : rien n'en subsistait plus à ce moment
que les fondations du mur ouest avec, en ligne parallèle
peu distante, trois fortes pierres « de lande » tant bien
que mal équarries qui marquaient la place d'autant de
poteaux de soutien, et vis-à-vis, à deux ou trois pas,
quelques trous à demi-comblés d'où d'autres blocs
avaient visiblement été enlevés ; le tout formant un rectangle de douze à quatorze grands pas de long sur six
à sept de large, — la longueur regardant le levant, — et
entouré d'un rideau de hauts arbustes alors dépouillés de
leur feuillage et étrangers à la région, ce semblait, dont
je ne sus pas reconnaître l'espèce. (Non loin de ce qui

* J'ajouterai pourtant ici que la statue du saint patronal et la petite
cloche aux sons argentins restée longtemps le divertissement des pâtres de la lande, ont fini par être recueillies dans l'église d'Escource,
et que je possède moi-même, outre quelques briques tirées de la chapelle, la porte de la sacristie, un panneau assez mal façonné et sans
bordure, de 1m68 de haut sur 0m50 de large, fait de cinq gros ais de
bois de pin doublés d'autres ais transversaux solidement cloutés.

La croix de la bénédiction du bétail (lande de Cornalis)

Puis, se révélant par les vagues cimes de leurs chênaies, c'étaient la Basse et Jean-Quillet, Bouhebén, Angoulin, Terrenave (1), et, finalement, vers Contis, Bias

---

fut la commanderie, à un millier de grands pas nord-est du Blasiot, sur la lande, se dressait encore à l'époque que j'ai dite une pauvre vieille croix en bois de chêne au pied de laquelle le curé de Morcenx venait une fois par an, le matin de la Saint Roch, — l'époque variait selon les localités, — donner la bénédiction au bétail menu et gros du vaste quartier de Cornalis : un contretemps que j'ai beaucoup regretté m'a empêché au moment voulu de prendre une « image » de cette scène que faisait extraordinairement grande en sa primitive simplicité l'étendue plane et nue qui de ce lieu se déroulait vers Escource, Luë, Labouheyre, Commensacq et Tanziet de Sabres, vers le désert sans limites.) A une demi-lieue plus au nord, isolées en pleine lande sur l'aire nue d'un parc récemment détruit, le hasard me fit rencontrer quatre autres fortes pierres semblables, et avec elles deux blocs de pierre blanche et deux de silex : c'étaient précisément, me dirent là des pâtres, des restes de l'ancien parc de Commanday, dont la maison est peu éloignée du lieu où s'élevait la petite église, et il n'y a pas à douter que ces pierres, sauf les deux morceaux de silex peut-être, fussent venues de l'endroit où j'avais trouvé les premières. — Je noterai pour finir qu'à mon dernier passage à Cornalis, en 1897, trois des portes de la chapelle, peintes en jaune, s'y étaient conservées, deux d'entre elles utilisées à l'extérieur de la maison de Commanday, dont je parle, et l'autre dans celle qui l'avoisine au nord-est, où il est possible même qu'elles demeurent encore fixées.

1. A propos de Bouhebén, le vieux pâtre ajoutait : « *Un cop, pr'nou Noste-Dame, qu'ém muchéren le Mari de Tirlits, nou' bére gouyate, nou' herrine esmeride, — de 'quit' Fabians d'Escourse, — doun disén qu'ère chét*

*parioun per denouta é ha terni les nostes ansiéntes can-
tes capbat lou cam de Bouheben. Lous béspes d'abriou é
de may, can se hiquéoue a luoua 'n bérs, en bét primans
hen les arrégues, à l'ore oun lou sou drabe, digun, proche ou luyn a l'entourn, n'aoué mé sounje de tribalha ;
les sarclayres aou barreuy dou blat, lous jenes hen lous
pins, dichéozen toumba les maneuytes de les mans per
l'escouta. Jamé mé plasénte é agradioue caouse s'i
poudé 'ntène ; touts qu'en damouréouen muets..... —*
D'autres que le berger m'ont aussi parlé avec admiration
de la gente brune qui si délicieusement chantait, dans
la grande paix du champ de Bouhebén, à la tombée des
tièdes vesprées printanières, nos douces chansons landaises d'autrefois. Un soir d'avril, au déclin du soleil,
m'a-t-on conté, la belle fille disait, dans la bonne sen-
teur des blés nouveaux, de sa voix harmonieusement
vibrante, la sombre complainte, tant aimée de nos grand
mères et qu'aucune ne pouvait ouïr sans un douloureux
serrement de cœur,

> *Lahore, nou pé dou poun,*
> *Margadide b'en laoue,*
> *Margadide m'amou,*
> *N'en laoue le bugade.....*

Mais elle avait cette fois des auditeurs qu'elle ne soupçon-
nait guère, des invités de la maison bourgeoise du quartier, — *le gran' méysoun,* — toute une troupe de messieurs et de dames du pays attirés dans leur promenade
par la voix fraîche et sonore de la jeune paysanne, arri-
vés là tout enjoués, le rire et la plaisanterie aux lèvres,
et qui se tenaient, silencieux maintenant, derrière le
feuillage de la haie, comme saisis, on le sentait, par une
grande chose inattendue, puissante en sa simplicité. Le
dernier couplet achevé, ils écoutaient toujours. Lentement, ils s'en allèrent, les messieurs recueillis et graves,
les dames silencieuses aussi, touchées au cœur par la
poignante tristesse du chant, plusieurs d'entre elles
essuyant une larme qui tremblait dans leurs yeux. (J'ai
cent fois éprouvé, dans des conditions semblables, la

même intime émotion que les beaux promeneurs de Bouhebén, et je voudrais en passant noter la profonde impression que laissaient dans mon esprit les douces voix de tant de mes chanteuses, toutes absolument illettrées, il va sans dire, dépourvues de la plus rudimentaire culture musicale, landaises de pure race rustique, qui, près de quarante ans durant, avec une bonne grâce et une gaieté inlassables, — dans l'odorante fraîcheur des sillons, sous les grands vieux pins résonnants, autour des bergeries, sur l'infinie bruyère, à leurs foyers, — me dictèrent tout ce qui subsistait d'airs anciens dans leur mémoire, parfois prodigieuse ; je voudrais savoir dire le merveilleux instinct de l'harmonie qui m'y apparut de prime abord, l'admirable justesse d'intonation, le sentiment exquis des modulations et des nuances qui, en tant d'endroits, me furent un charme à ce point troublant que je cédai plus d'une fois au besoin de leur exprimer mon plaisir et mon étonnement. — O ma pauvre bonne lande ! où est le temps où tes chansons, poétique émanation de ta douce vie primitive, allaient sans crainte de moqueries droit à l'âme de tes fils, pauvres ou riches, la faisaient ainsi vibrer et mouillaient leurs paupières, soit dit à la honte de ceux d'aujourd'hui, renieurs orgueilleux de la terre de vraie et compatissante fraternité, de cordiale union entre tous que tu fus aux jours maintenant pour jamais en allés ?)

.....Dans ce recoin perdu du village, à une certaine distance des derniers lieux énumérés, existait autrefois une longue et basse bâtisse — depuis longtemps disparue, mais dont des vieillards morts il y a cinquante ans m'ont dit avoir vu des restants de murs encore debout, troués de tout étroits « fenêtrons » comme en offraient nombre de nos vieux logis landais, — où demeurait attaché le souvenir de « la dame de Z. », qui y aurait habité et s'y livrait à la fabrication de la fausse monnaie. C'est à Bordeaux naturellement qu'elle trouvait à se défaire avec le moins de risques du produit de sa vilaine industrie, et les gens qui étaient dans le secret avaient remarqué que plusieurs de ceux qu'elle y avait déjà envoyés n'en étaient jamais revenus ; or il arriva un jour qu'elle confia la dangereuse mission à un homme qui par hasard savait un peu lire et qui, mis en défiance, eut l'idée de décacheter avant d'arriver la lettre contenue dans la panetière où était serré l'argent faux : il y apprit que le réceptionnaire avait ordre de faire disparaître le porteur dès qu'il se serait présenté devant lui. Et bientôt après, vraisemblablement sur sa dénonciation à la police de Bordeaux, la maréchaussée de Liposthey était mise à la poursuite de la terrible « dame de Z.». Mais l'astucieuse femme avait, croit on, des affidés ou des protecteurs en bon lieu et se tenait toujours sur ses gardes, dans la prévision d'un événement ; avertie, un dimanche qu'elle assistait à la messe dans l'église du village, elle rentra rapidement chez elle, fit préparer son cheval, et déguisée en homme, revêtue d'un riche manteau d'un rouge éclatant, elle prit audacieusement le chemin de Bordeaux, où elle ne pouvait manquer de rencontrer les archers expédiés à sa recherche. Et c'est ce qui arriva, en effet, comme elle approchait du bourg de Labouheyre; priée par eux de dire si elle n'avait point croisé sur son chemin une dame coiffée d'un chapeau de feutre noir* au voisinage de Z. : « Mais si, justement, dit-elle, elle n'en était plus fort loin. Tenez, voici même les traces de son cheval, allant par là ». Et elle leur montrait celles de sa propre monture, que la rusée avait pris la précaution de faire ferrer à rebours au dernier moment**. Sur quoi les archers repartirent à toute bride dans la direction de Z... pendant qu'elle gagnait du même train vers Labouheyre et de là vers Bordeaux, où les recherches continuées de ce côté durent être abandonnées sans avoir abouti.... — Elle n'avait pu d'ailleurs faire disparaître autour d'elle tous les indices accusateurs.

* L'ancien chapeau de feutre velu, à bords plats, presque un chapeau d'homme, que quelques dames, dans cette partie de notre pays landais, continuaient encore à porter il n'y a pas très longtemps.

** Il est oiseux d'ajouter qu'elle n'avait point inventé le stratagème vieux comme la rouerie humaine. Il fut familier à Mangin et à plus d'un de ses pareils : voy., par exemple, à titre de curiosité, de Caumont, *Archit. civile du moy. âge.* 337 ; Michelet, *H. de Fr.* : x, 196 et *pass.* ; *Rev. des Trad. popul.*, 1911, 311, et même les *Hymnes* attribués à Homère, dans la trad. de Giguet, p. 649, etc.

et Mimizan, à l'extrême lointain de la *rase* sans fin —
où seul, vaguement, émergeait le mamelon des *Coums*,
minuscule tache blanche noyée dans cette immensité, —
la longue bande nue des dunes de cette partie du Born,
bientôt masquée par les profonds *pignadas* de Bouricos et
d'au delà, barrant ce reste d'horizon de leur épaisse ramure bleue». (Nous appelions en patois *lou tuc dous Coums*
un singulier amoncellement de sable fin de cinquante à
soixante pieds de hauteur, isolé sur la lande plane du
quartier de Marlenx et visiblement produit par une pous-

En traçant, il y a vingt-cinq ans, la route de Luë à Escource (déplacée partiellement depuis), l'un des ouvriers
heurta de son sabot, il me l'a rapporté lui-même, une
vieille chaudière de fonte, de dimensions moyennes, en-
fouie à fleur de terre et fortement ébréchée, que tous
jugèrent être celle qui servait aux opérations clandestines
de la faussaire, dont l'atelier se cachait à quelques pas.
Au surplus la fabrication de la fausse monnaie n'aurait
pas été l'unique source de ses profits: c'était une croyance répandue à la ronde qu' « on tuait du monde à Z. »;
dans un recoin secret du logis, qui à l'occasion devenait
une sorte d'hôtellerie rustique, une fosse existait, — au
bout d'un couloir obscur et derrière une porte toujours
fermée à clef, — dont le fond, disait-on tout bas, était
hérissé de fortes lames de fer fixées, la pointe en l'air, sur
de grosses pièces de bois entre-croisées ; le voyageur
que la tombée de la nuit obligeait à demander l'hospitalité en ce lieu perdu y trouvait un accueil empressé et
l'offre d'un bon gîte lorsqu'une ceinture un peu rebondie
ou une valise qui semblait pesante laissait soupçonner
qu'il portait sur lui quelque argent, comme il arrivait
d'ordinaire aux acheteurs ou vendeurs de bœufs allant

sée des vents de la mer à une époque sans doute reculée; aperçu de la pointe sud de notre lande de Labouheyre, vers *Berroute*, comme de la lagune de *Lusset*, en Luë, ce n'était rien de plus qu'une confuse blancheur perdue au fin fond du couchant, mais pour qui s'avançait dans cette direction le tertre, en raison d'une légère dépression qui faisait un vide au milieu et le divisait en deux parties d'égal volume, prenait peu à peu la forme d'une sorte de château flanqué de deux tours, si sauvagement esseulé sur l'infinie bruyère, et d'un si étrange effet à cette place

---

aux foires de Labouheyre ou en revenant ; et bientôt il se passait là une horrible chose : mené droit avec une maigre lumière (par la dame de céans ? par un valet complice ?) à l'entrée de la chambre annoncée, — le réduit sinistre que j'ai dit, — courtoisement on lui cédait le pas, en laissant juste à ce moment, comme par maladresse, la lumière choir à terre et s'éteindre ; brusquement une rude poussée le jetait vers le bord intérieur du seuil, fait d'une étroite planchette pliante surajoutée qui, cédant sous le poids du corps, le précipitait sur les pointes acérées en même temps que la porte se verrouillait violemment sur' lui, et il n'avait plus qu'à appeler à grands cris la mort, si elle se faisait trop attendre.... On a peine à croire que l'imagination populaire n'ait pas assombri à plaisir les détails de cette atroce scène ; toujours est-il qu'une vague frayeur a longtemps continué à régner sur ce qui fut le lieu de Z. et sur ses entours, même après sa disparition, et des gens passant de nuit, au clair de lune, aux abords de la maison abandonnée, assuraient avoir vu dans le cadre obscur d'une de ses étroites fenêtres un grand visage affreusement pâle, où se reconnaissait celui de son ancienne habitante....

déserte, qu'il devenait *lou tuc d'arjean, lou tuc dou becut, lou castet dou diabble*, dans le langage des bergerots, lorsqu'ils voyaient cette tache menue resplendir de loin aux rayons du clair soleil matinal. Non qu'il les effrayât autrement, d'ailleurs, car c'était leur amusement, après les grandes pluies d'hiver, de se réunir sur les flancs de la butte et de se jeter ensemble, à corps perdu, pour le plaisir de faire rejaillir l'eau autour d'eux, dans la jolie lagune qui, à l'arrière, venait alors en baigner un côté. — Les dunes, je l'ai dit plus haut, — p. 64, — se découvraient même, très nettes parfois, des hauteurs de *Retout* et de la horde de *Jan-Haou*, entre Commensacq et Labouheyre, donc de bien plus au levant, tantôt d'une éblouissante blancheur, tantôt d'un jaune pâle ou mordoré, selon le jour ou l'heure et les incidences de la lumière. — Et j'ajouterai ce détail, — bien qu'il n'ait plus d'intérêt que pour moi seul maintenant, — que je ne revois jamais mon vieil ami le chêne de *Jean-Haou* sur sa colline, alors dénudée et toute parfumée de serpolet, sans me rappeler le saisissement que j'éprouvai lorsque, de ce point, pour la première fois, je reconnus un jour, il y a cinquante ans ou plus, se déroulant au fin fond de l'immense bruyère, le cordon de sable qui la séparait de la mer et que je n'avais pas remarqué jusque-là; et toujours, depuis, ce me fut une douceur de plus associée aux retours de mes vagabondages solitaires par la grand'lande, dont s'enchanta ma jeunesse de rêveur ensauvagé, passée tout entière dans les intimes émerveillements de la terre ancestrale et de la bruyère infinie, loin, bien loin des réalités de la vie, qui souvent déjà, aux premiers chocs des idées et des mœurs nouvelles, m'apparaissaient hideuses et repoussantes, par comparaison).

Ainsi, quand je lui laissais la parole, me parlait le vieil échassier, — ou à peu près ainsi, car il s'en faut que j'aie su rendre la rude et concise simplicité de son langage, — et le regard et la pensée tendus vers les points tour à tour désignés, j'écoutais en silence, profondément heureux en moi-même d'appartenir à cette terre des libres espaces, étrange et grande et fascinante entre toutes, où l'homme avait le magnifique, l'unique privilège d'embrasser à son gré, d'un coup d'œil jeté autour de lui, les points si isolés et si profondément éloignés les uns des autres qu'habitaient ceux que bien souvent liaient à lui la parenté ou l'amitié et qu'il pouvait suivre en idée dans les détails de leurs travaux domestiques et de leur vie familiale accoutumée. (On comprend sans peine quel attrait puissant devait exercer à la longue sur un esprit forcément voué à la solitude et au rêve la vue de cette incommensurable étendue plane où seuls ces rares flocons bleus égarés au fin fond du vide entourant et qui en faisaient l'infinie poésie, appelaient éternellement son regard. Et j'ajouterai cette particularité curieuse que, dans l'imagination naïve de plus d'un des très vieux pâtres que dès l'enfance je suivais en trottinant sur la bruyère, ces lointains bouquets vaporeux devenaient des choses réellement animées, qui s'entre-regardaient à travers l'espace, qui vivaient et s'aimaient, se faisant des signes mystérieux, se chuchotant des souvenirs des temps anciens, pour nous éteints dans les secrets du passé. Et quelles sont au juste les délimitations de l'âme universelle ? Chacun a sa métaphysique, et quelle est la moins folle et la moins risquée dans l'océan d'ignorance et d'incertitudes où notre pauvre raison humaine demeure douloureusement plongée ? « L'antiquité ne doutait pas que l'arbre n'eût une âme, au moins confuse », a dit Michelet, — voy. sa *Montagne*, p. p. 196-200, — et il n'est point le seul parmi les grands penseurs même modernes que ne fait point sourire l'idée d'une communauté d'origine possible entre le végétal et l'animal, — y compris l'homme conséquemment, — voulue par l'infinie cause première)..... Depuis quelques instants, d'un autre parc reculé tout au fond de la lande, se dirigeait vers nous le cahotement d'un *bros* d'où s'élevaient les notes d'une de nos plus vieilles chansons, dite dans un registre grave par de chaudes et souples voix de femmes, et que je sa-

vais bien, l'aimant entre toutes pour l'avoir apprise enfant — sans alors la comprendre encore, heureusement,
— en folâtrant sur la bruyère avec mes amis les bergerots qui m'enseignaient à trouver les nids de cochevis
et d'alouettes, ma première grande passion :

N'éy tan sercat m'éymiye
Troubade jou be l'éy.

L'éy troubade adroumide
A l'oumbre d'un haouguéy.

Le lane n'ère soule,
Nat ligot, nat aoulhéy...(1)

Peu de nos anciens airs ont dans leur originelle simplicité un caractère plus intimement local, en plus profonde harmonie avec le lieu d'immensité et de paix infinie
où il s'épandait si largement; peu, malgré l'ardente
sensualité des paroles, sont empreints de plus trou-
blante tristesse et vont plus droit au cœur des fils de la
lande qui ont gardé la vision et le culte de sa vie des
jours anciens. Chanté lentement, comme il l'était là,

---

(1)

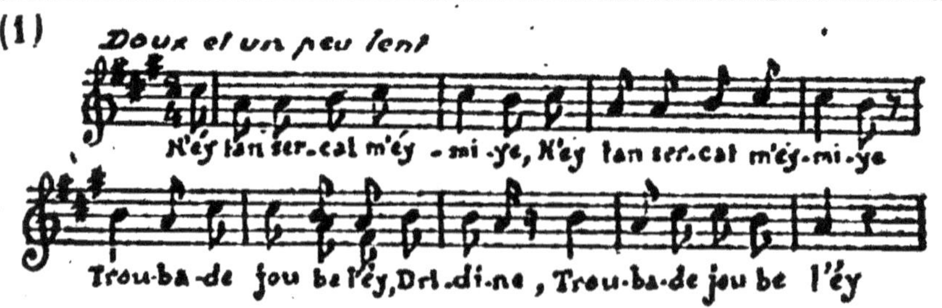

avec son accent indiciblement douloureux et des inter-
valles de silence qui le faisaient plus pénétrant, cadencé
surtout par le pas indolent des bœufs et le tintement ar-
gentin de leurs clochettes, cet air évoquait irrésistible-
ment jusqu'à porter aux larmes, — tant est puissant en son
mystère le lien des choses du sol avec la race, — tout ce
que récélait de charme et de magique poésie cette terre
à part, restée encore si primitive, où visiblement il était
né ; et peu à peu, sans y songer, nous avions cessé de
parler, le vieux pâtre et moi, lorsque le *bros* vint s'arrêter devant nous, et d'un saut léger quatre jeunes filles
en descendirent qui de loin, sûrement, nous avaient
reconnus : deux d'entre elles étaient des confidentes,
déjà devenues mes plus dévouées aides, du projet qui hantait ma pensée de recueillir en leur entier les anciennes
chansons gasconnes qu'avaient si longtemps entendues
tous les foyers de notre vieux désert landais, les emplissant sans relâche de franche et saine allégresse, d'un peu
d'idéal et de rêve, de vie. Brusquement, sans préambule
autre qu'un familier cri d'appel, l'une d'elles, une alerte
et plantureuse brune, ébauchant quelques pas de ronde,
les bras gracieusement déployés, à pleine voix chanta :

> *Lou moun pay m'i maride,*
> *Lou Ramounét lantire.....*

Et adieu dès lors la dolente cantilène de l'instant

d'avant; tout fut à la joie et aux rires, jeunesse, comme on sait, virant vite d'humeur parfois. Vivement une autre s'approcha de moi, et sans mot dire, ses grands yeux bruns gravement fixés sur les miens, me prit sans façon par la main : bien que muette, l'invite était formelle, car c'est elle, la gente et bonne *B.*, *le bère aoulhéyre*, comme je l'appelais en plaisantant pour sa riche et harmonieuse plastique. — me passera-t-on ici un retour si personnel vers un passé si lointain ? — qui autour de son parc solitaire, en cachette et timidement au début, me disait le mieux et si affablement les jolies vieilles choses d'autrefois que tant j'aimais et que pour moi, à mon défaut, elle apprenait des grand'mères tout autour d'elle. (Pauvre douce B. ! qui pleurais à chaudes larmes quand ton père devait saigner un de tes agneaux ! — si accorte et attrayante sur la bruyère, tes cheveux blonds au vent, un brin de basilic au corsage, si fraîche et si rose dans le soleil tombant qui argentait les brebis, comme tu m'apparus lorsque je t'y abordai pour la première fois ! Pauvre B. ! — charme douloureux maintenant de mes plus éloignés souvenirs, — si ingénue, si gracieusement modeste et souriante, et que guettait une destinée hostile que tu méritais si peu.) Et bientôt nous ballions en chantant sur le gazon ras, piqué déjà des nouvelles fleurettes, le bouvier, un jouvenceau dégourdi, conduisant la chaîne, et moi, le comparse inerte et inutile (*lou miye-miques*), la fermant, entourés des brebis affairées à paître et des bœufs attelés qui regardaient sans voir, en ruminant. — Toute l'enjoyante chanson y passa, et après elle une autre, non moins hilarante et folle. Mais lassés à la fin d'attendre, les bœufs, après quelques meuglements graves, avaient repris leur marche, et force fut aux enragées danseuses de laisser là le jeu et de courir à toutes jambes rejoindre la charrette, où aussitôt, debout à l'arrière et tournées vers nous, elles entonnèrent à plein gosier dans l'espace sonore la séculaire petite chanson « de neuf » sans cesse aux lèvres des jeunes pâtres :

> *Su' le lane de Bourdéou*
> *Qu'i'a naou pins.*
> *Boli bi, boli' ana*
> *Beude lous pins coum berdeuyen,*
> *Boli bi, boli ana*
> *Beude lous pins berdeya (1)*

Pris au charme de la pimpante ariette, nous écoutions, retombés silencieux, tout entiers à la vision de ces neuf pins de songe, verdoyant esseulés dans l'immensité lumineuse, et si naïvement et magnifiquement évoqués. Mais le joyeux ébat ne pouvait finir si vite ; redescen-

---

1. Voy. le t. i des *Vieux Chants*, p. 80.

dues du *bros* en approchant de la lagune voisine pour y rafraîchir leurs joues en sueur, elles étaient reparties en s'amusant à rythmer les inflexions de leurs bustes souples sur les sons de ma petite flûte que par jeu j'avais tirée de ma gibecière pour répéter leur dernier couplet, toutes les quatre nous faisant des signes de tête et riant aux éclats de ce dernier geste de coquetterie lutine. Longtemps encore, chantant les anciennes chansons, les voix juvéniles ondulèrent sur la bruyère, déclinant peu à peu en un vague bourdonnement bientôt noyé dans le profond silence un moment interrompu. Et sur nos têtes, maintenant, comme un écho aérien de la chaude mélodie terrestre, voici que les alouettes, libres filles de la bruyère sans fin, ivres elles aussi de lumière et d'espace, emplissaient tout le ciel de leur frénétique carillon accoutumé. Mais quels mots ici donneraient la moindre idée de ce prodigieux fourmillement de notes ruisselant auprès et au loin de la voûte radieuse, qui par moments en semblait comme ébranlée ? et qui expliquerait comment tous ces gracieux tintements d'or et de cristal pouvaient, çà et là coupés d'intonations hardiment heurtées et dissonantes, s'arranger avec l'oreille pour se fondre en un immense ensemble d'une inimaginable, d'une idéale harmonie ? (Je dirais sublime, divine aussi bien, si les athées ne m'entendaient pas). — Tous les voyageurs qui ont parcouru les grands déserts, les plânes solitudes où vit la douce et gentille alouette, ont dit quelle profonde émotion les saisissait lorsque résonnait sur leur front le magique concert de myriades de voix fêtant harmonieusement leur passage au milieu de leur domaine reculé : qui l'a une seule fois ouï, déclarent-ils à l'envie, ne saurait jamais l'oublier, ni jamais cesser de le regretter..... — Mais ici cette émerveillante chose, qui fut si longtemps nôtre, nul de nous n'en jouira jamais plus. Après nous, aussi bien, — les rares survivants, dont forcément la fin est proche, de ceux qu'elle tint tant de fois dans le ravissement et l'extase, — qui se souciera d'apprendre que ce que je viens de rappeler ait seulement pu exister ?..... Qui saura d'ailleurs ce que fut elle-même notre lande solitaire et nue des jours évanouis, où errèrent heureuses, vivant dans la saine nature, tant de générations de pâtres songeurs, avant qu'elle devînt la proie pitoyable de l'esprit de lucre effréné, de l'industrialisme et de l'enrichissement à outrance, j'entends le vaniteux et trop souvent niais « argent neuf », la caste repue et tonitruante des « profiteurs », pour lesquels tout ce qui était en elle inexprimable attrait et grandeur sans pareille dans le passé apparaît, parce qu'improductif, profondément puéril, partant nul et dédaignable ? Ne va t-elle pas achever de mourir sans qu'un adieu digne d'elle lui soit venu d'aucun côté, sans qu'aucun de ses fils, de ceux qui vécurent de sa paisible vie ancienne, — les autres, ceux d'aujourd'hui (cerveaux supérieurs, ils n'en doutent pas), l'ignorent ou la méprisent, — ait tenté de perpétuer son souvenir par l'écriture? Une révolte me monte au cœur à cette pensée ; (et j'ai laissé deviner ailleurs, quitte à expliquer en détail, plus tard, par quoi je fus empêché de m'essayer moi même à cette tâche (1). Aucun peut-être n'aura dit quelle était jusqu'à nous l'irrésistible fascination sur l'habitant de cette terre de silence et de paix, d'espace sans limites ; de tristesse aussi, si l'on veut, — des étrangers, qui la traversèrent distraitement au sortir du tumulte enfiévré de leurs vil-

---

1. A un très érudit et fervent ami de notre pays landais qui gracieusement me pressait d'aborder l'entreprise, je répondais naguère : « La pensée d'un livre à faire sur notre ancienne lande n'a jamais cessé de remplir mon esprit ; et l'amour passionné, presque maladif, que dès le premier âge je nourrissais pour elle, — en ayant saisi, je crois, toute la magique poésie. — m'aurait peut-être permis d'en mener quelques parties à bonne fin. Mais une circonstance très particulière, que je vous conflerai avec une profonde tristesse, vint un beau matin renverser brutalement mon projet......... Maintenant, mon temps est accompli, d'autres travaux m'absorbent, je n'y peux plus songer. Réfugié dans le deuil de mon pauvre rêve, inconsolable de n'avoir pu le réaliser, je m'en vais de la vie avec une inexprimable amertume qui assombrit souvent jusqu'au dégoût les derniers jours qui me sont encore laissés ».

les et ne pouvaient la comprendre, le lui ont parfois re-
proché, — mais d'une tristesse auguste et toute à elle,
d'une infinie douceur, née de la poétique nudité entou-
rante, d'un vague recueillement des choses, dont le charme
mystérieux, pénétrant l'âme primitive de la race, la
vouait à une vie de rêverie muette, d'inconscient et perpétuel enchantement.....

**

Ce matin-là, je le répète, la lande était en liesse. Une
véritable féerie semblait répandue sur elle, la tirant de
son état de songerie habituel, l'enveloppant toute entière comme d'un rayonnement de grâce juvénile et de
charme enjoyant. Jamais les ravissantes fleurs d'or de
l'ajonc nain, où butinait plaintivement l'abeille, n'avaient
brillé d'un plus vif éclat sur l'humide tapis de la bruyère. Ce n'était partout qu'harmonieuse et vibrante splendeur, que fraîche allégresse et gaieté souriante. Rare-
ment j'avais ressenti avec plus d'intensité tout le pouvoir de séduction de mon bien aimé désert, toute l'intime
douceur, la secrète griserie d'y vivre, et je le dis au vieux
pâtre. « C'est vrai, répondit-il, en hochant la tête, d'une
voix tout d'un coup devenue grave, (et c'est à regret encore que je tourne en mon français banal son parler autrement robuste et saisissant) ; tout est beau, tout est agréa-
ble et plaisant ; ce matin, Dieu sourit, il est de bonne

humeur, profitons de cette heure de pitié ; car Dieu ne sourit pas toujours... Une fois, il y a longtemps, fort longtemps, trois cents ans ou plus, au dire de ceux qui avant moi gardaient dans ces parages, il s'est passé ici autour de bien laides choses. Une bande de méchants hommes de guerre, quelques-uns de haut lignage, mais d'instincts pervers, n'ayant plus ni sou ni maille, et capables de tout pour s'en procurer, s'étaient établis dans les tours des Rocs, à Labrit, et de là répandaient l'effroi au loin autour d'eux ; courant à cheval tout le pays, ils pillaient et rançonnaient les pauvres gens, emmenant leurs bœufs, leurs vaches, le choix de leurs moutons, escroquant l'argent quand ils pouvaient, s'appropriant au besoin jusqu'à la provision de chair gardée dans les saloirs, lorsqu'ils ne s'emparaient pas des porcs qu'on venait de tuer devant les portes, et même, s'ils trouvaient trop de résistance, passant leur colère en mettant le feu aux paillers voisins des habitations. A la fin, leur audace ne connaissant plus de bornes, ils en vinrent à voler des femmes dans les quartiers écartés, et ce fut dès lors une véritable terreur qui pesa sur le pays. Une, d'abord, disparut à Sabres, à Poursiouguères, puis une autre, une nouvelle mariée, à Commensacq, et on ne dit pas ce qu'elles devinrent. Leur choix fait, toujours parmi les plus belles, ils saisissaient leur proie, la couchaient de force, jambes et bras liés, sur le dos d'un cheval, et l'emportaient garrottée vers leur repaire, sans pitié pour ses larmes, sourds à ses cris et à ses prières. Un jour, ils avaient dérobé une jeune fille du petit quartier de Porteteni, près de Gaillard, dans Luë, et l'emmenaient, vouée à leur luxure bestiale, par ce chemin ci, alors bordé, dit-on, d'un gros fourré de brandes servant d'«ombrière» aux troupeaux, et où l'on savait qu'ils passaient d'habitude pour gagner ensuite la *Bruze* à travers lande et éviter le bourg de Commensacq. Mais une déconvenue les attendait là. Mis en éveil par leurs allées et venues cauteleuses autour du quartier et pressentant l'enlèvement, deux bergerots de Gaillard avaient furtivement couru jeter partout l'alarme ; aussitôt rassemblés de côté et d'autre, une troupe d'hommes s'étaient embusqués à cet endroit, armés à la hâte de leurs instruments de travail et conduits par le propre fiancé de la victime, un jeune résinier ardent et vigoureux, prêt à tout, perdu pour perdu, pour l'arracher aux infâmes scélérats : (*le praoube méynade, l'enfinén ploura,é crida d'un gran tros lugn ; lous pins de le Garane qu'en braméouen lahore : hadé elaoua lou co !*); s'élançant le premier, fou de rage, sur celui qui marchait en tête, d'un coup terrible de son «haptchot», il lui tranchait à moitié l'épaule droite et le jetait à bas de son cheval ; tenue en respect par un front menaçant de fourches.

de haches, de faux, la bande ne songea qu'à courir protéger le blessé pendant que la jeune fille, rapidement délivrée, reprenait plus morte que vive, saine et sauvé toutefois et sous bonne garde, le chemin de sa maison.....
Le drame, hélas ! ne devait pas tarder à avoir une suite plus affligeante ailleurs. On apprenait à quelque temps de là que les abjects bandits, exaspérés de leur récent échec, avaient brusquement apparu, plus nombreux cette fois, au quartier de Gaillard et s'étaient emparés d'une autre jeune fille, la plus douce et gracieuse de ce coin de Luë, sur le point de se marier, qu'ils avaient eu la barbarie de bâillonner, une fois liée sur la bête, pour se débarrasser de ses cris... On la vit cependant revenir chez elle, quelques jours plus tard, — ayant réussi une nuit, à force de ruses, à s'évader de sa hideuse prison, — mais morne à présent, l'air égaré, comme écrasée par la honte qui allait désormais peser sur elle. Puis, bientôt, la nouvelle lui venait que son futur, dans sa consternation, avait brusquement déserté le village, et ce dernier coup emporta subitement sa raison ; la nuit même elle disparaissait sans dire un mot aux siens, et le lendemain on trouvait la malheureuse noyée dans le petit étang du moulin de Cantegrit, à près de deux lieues de là ; c'est à Cantegrit qu'elle avait vécu jusqu'à huit ou dix ans, et la pauvre désespérée avait voulu s'en aller mou-

rir aux lieux dont elle gardait l'image aimée mêlée aux souvenirs heureux de sa première enfance..... »

**

Tel fut le récit du vieux pâtre, à son parc des chemins de Pissos, dans le silence pensif de la grand'lande déserte et vide à l'infini autour de nous. En l'écoutant, le cœur serré, je songeais que bien profonde et douloureuse avait dû être en son temps l'impression laissée dans la région par ces faits monstrueux puisque trois cents ans avaient passé sur eux sans les effacer de la mémoire populaire, et j'étais loin de penser que le hasard ferait tomber plus tard entre mes mains le document — reproduit plus haut et trop longtemps perdu de vue dans le développement de ces notes, — qui en devait devenir la trop positive et précise confirmation. Puis il me quitta pour rejoindre son troupeau, gagnant à grandes enjambées d'échasses la lisière de Commensacq, où sa haute silhouette grise, un instant flottante dans l'éloignement, se perdit peu à peu sur la ligne nue de l'horizon... Et maintenant, à la fiévreuse exaltation d'esprit où la lande en fête m'avait plongé tout à l'heure, succédait un indicible sentiment de pitié et de tristesse à l'idée que par ce même chemin que venaient de suivre, riant et chantant, les quatre jolies *lanioucs*, ivres de vie insouciante et libre, dans le plein épanouissement et la joie débordante de leurs heureux vingt ans, avait autrefois passé, jeune et belle comme elles, une malheureuse enfant, arrachée violemment à son foyer familial, à son humble et frais rêve d'amour, que ses immondes ravisseurs menaient étroitement ligotée, folle de souffrance et d'horreur, à l'opprobre forcé, à l'indélébile souillure dont nul secours humain ne pouvait plus la préserver. Un inexprimable accablement m'envahissait, né du doute et du dégoût de tout, du mensonge et de l'inanité possibles des plus séduisantes apparences, et ce fut devant ma pensée révoltée comme un morne et pesant voile de deuil répandu sur la délicieuse féerie qui m'avait un instant transporté.....

O Nature ! formidable énigme d'où émanent la rose et la vipère, le beau idéal et l'horrible côte à côte, qui as voulu que l'histoire humaine ne fût en réalité qu'un amoncellement hideux d'atrocités et d'horreurs, de faussetés et de haines, d'abject égoïsme et de nauséeux orgueil, que t'avait fait cette douce enfant pour la vouer barbarement au martyre, pour l'acculer à la folie et au suicide ? O Esprit-force, qui remplis et animes l'Univers, qu'es-tu en ton éternité au sein de la terrifiante fuite des choses ? Que nous veux-tu ? Toutes les religions, toutes les philosophies passées au crible de la raison et du bon sens, n'y aurait-il sur nous, dans notre pitoyable destinée, qu'artifice et jonglerie sinistre, que l'innommable impitié d'une puissance horrible nous imposant la naissance pour jouir, tortionnaire implacable, des angoisses de notre vie et des affres de notre agonie, sans positive assurance pour nous d'un recommencement et d'une compensation future? Tout, autour de nous, dans nos aspirations et nos rêves, ne serait-il au vrai que leurre final et pur néant, et ne pourrons-nous jamais jeter le moindre regard sur le sombre mystère qui nous entoure et nous écrase sans que le cri d'émerveillement qui malgré nous, du prodige de l'étoile à celui de l'infusoire, jaillit partout de nos lèvres, soit près à chaque instant de s'achever — mais si pâle et précaire soit-elle, une ultime lueur d'espoir nous arrête, — en un cri d'épouvante et d'abomination ?

IMPRIMERIE P. LAMBERT

LABOUHEYRE (LANDES)